人生の99.9%の問題は、筋トレで解決できる！

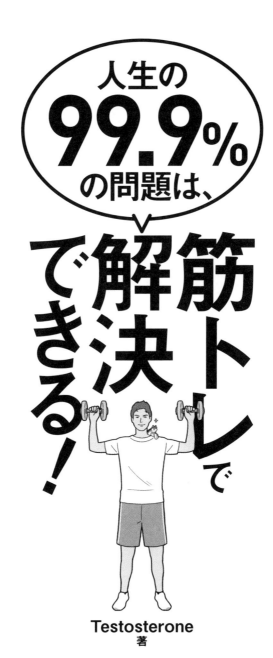

Testosterone
著

主婦と生活社

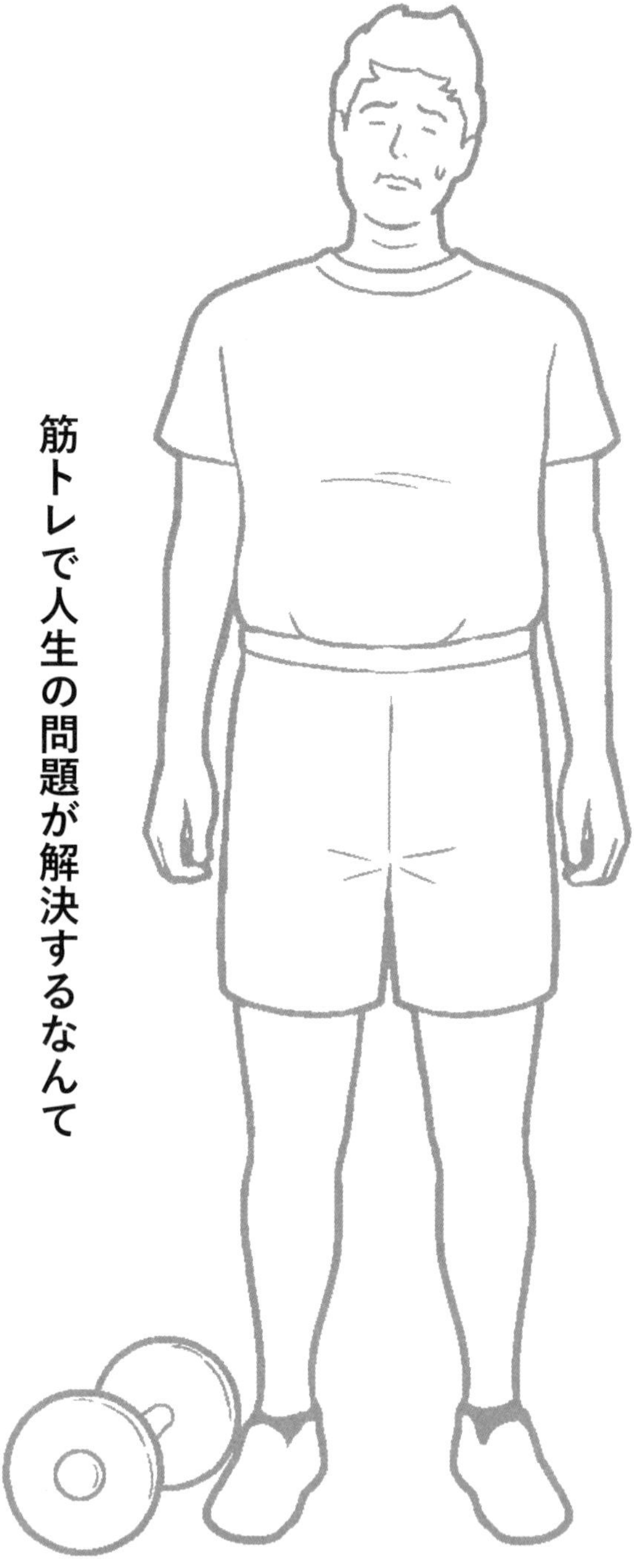

筋トレで人生の問題が解決するなんて
信じられないって？
やれやれ。
試す前から疑ってるようでは話にならん。
「筋トレが良いらしい？

よくわかんないけど試しにやってみよう！」
っていう態度と勢いで来い！
文句言う前に、疑う前にまず行動だ。

そして断言しよう。

筋トレは本当に99・9％の問題を解決する。

はじめに

「筋トレとプロテインでこの世の99%の問題は解決します。本当です」

これは、僕が以前にツイッターでつぶやいた言葉だ。

あらためて自己紹介させてもらうと、僕はTestosteroneという名で、筋トレ(筋肉)のことばかりをツイッターでひたすらつぶやいている人間だ。

冒頭の言葉と本書のタイトルを比べてもらうとわかる

が、以前より0・9％プラスされ、僕の確信はその頃よりだんだんと100％に近づいてきている。

フォロワーさんから「筋トレで人生が変わりました！」という内容のメッセージをいただくことが増え、無料ダイエットサイト「DIET GENIUS」（157ページ）のアクセス数も日に日に増えている。日本国民全員が筋トレと筋肉を求めているとしか考えられない。否、俺を求めているのだろうか（錯乱気味）!?

僕自身、これまでの人生で筋トレの恩恵を十二分に受けてきた。

高校のはじめの頃は体重110kg。筋トレどころか、スポーツもしなかった。

高校時代にアメリカに留学して、筋トレと運命的な出会いをする。そこで筋トレを始めたところ、人生が大きく変わっていった。成績が上がり、積極的になり、語学も急速に身につき(僕はトライリンガルだ)、女の子にメチャメチャモテるようになり(彼女をあえて作らないのはダンベルが嫉妬するからである)、さらに大学時代には総合格闘家としてデビューも果たし、心も身体も強くなれた。

ごめん、女の子のくだりはつい見栄を張って嘘ついた。誰かモテ方を教えてくれ。ツイッターにメッセージくれ! 頼む(必死)!

何はともあれ、ダメダメな肥満児が、筋トレのおかげでかなりマシに生まれ変わったのである。すべては、筋トレを通して得た正しい努力の仕方や成長のコツ、苦境でも折れないメンタル、圧倒的な体力、自尊心やそのほかあげたらキリがない筋トレ哲学・人生論のおかげだ。

トレーニングを続けるとわかることだが、筋トレでは、現状把握→プラン作成→実行→アセスメント（評価）→さらなる成長へ向けたプラン作成、というようなサイクルで筋肉を増やしていく。

これは、学業やビジネス、自分のスキルアップといった多くのことに共通する「成長のためのサイクル」である。さらには、食事や睡眠など生活全般を見直し、より効率的に筋肉を大きくする道を模索する中で、タイムマネジメントや自己コントロールが自然と身についていく。筋トレ好きに、成績優秀者や社会的成功者が多いのは至極当然なのだ。

僕自身も、筋トレから学んださまざまな経験が、現在の仕事やプライベートで大いに生きている。

そのように自分を変えてくれた筋トレを、もっと日本で広めたい。日本筋トレ革命だ！　冗談に聞こえるかもしれないが、超マジだ。

本書では、140文字（ツイッター）で伝えきれなかった筋トレへの思いや、人生を生き抜くノウハウを余すところなく書いてみた。

「モテたい」「テンションが上がらない」といった日常の悩みに対し、「なら、この筋肉を鍛えろ！」と具体的な道筋を示し、おすすめの筋トレも紹介している（スマホや携帯で動画も見れる！）。日常生活で使いまくれる一冊となっているはずだ。

この本があなたの人生を少しでも前向きに変えるきっかけとなったら、著者冥利につきる。さあ、始めるか、レッツ筋トレ！

Testosterone

知っておきたい
筋肉図＆筋トレ用語

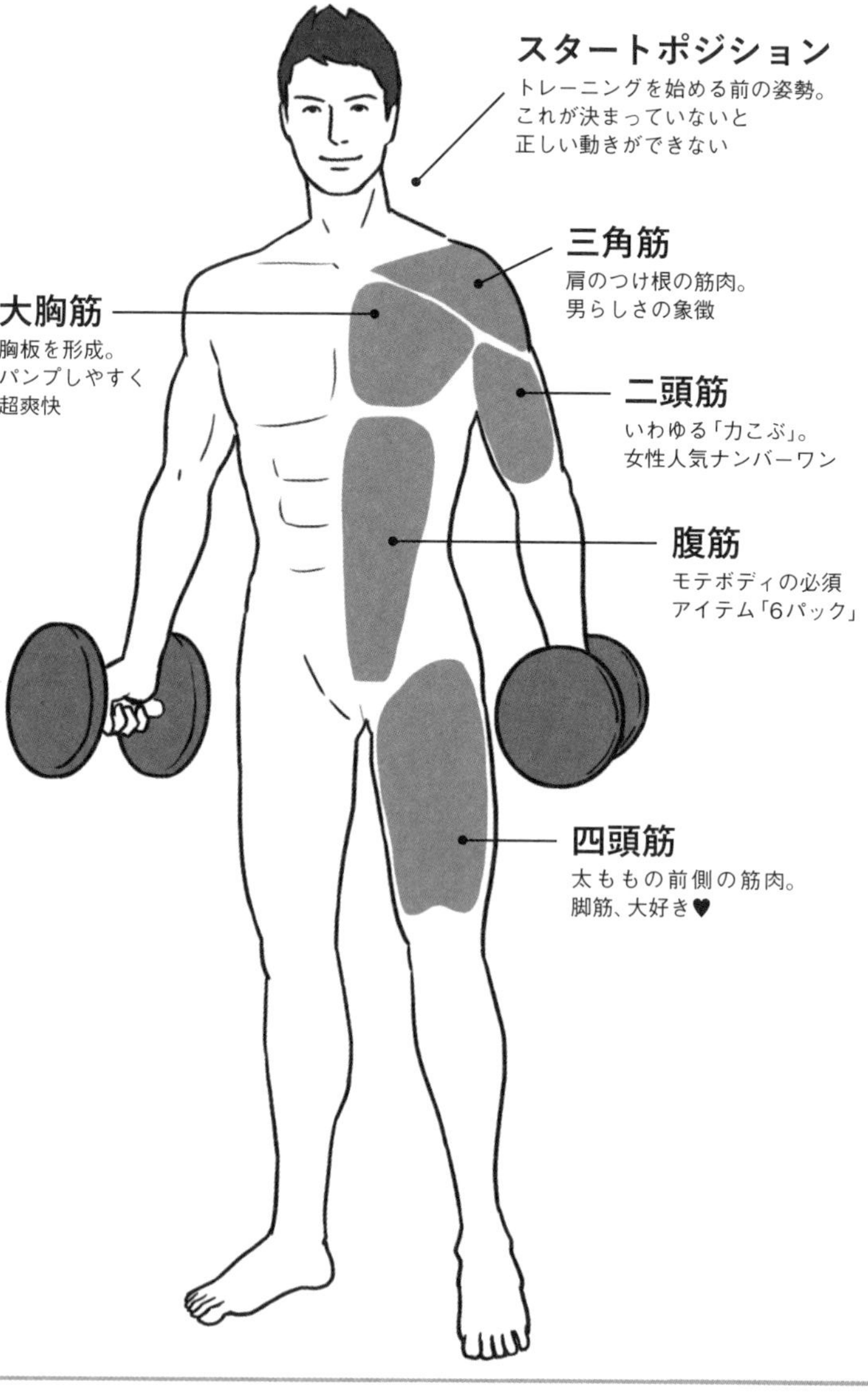

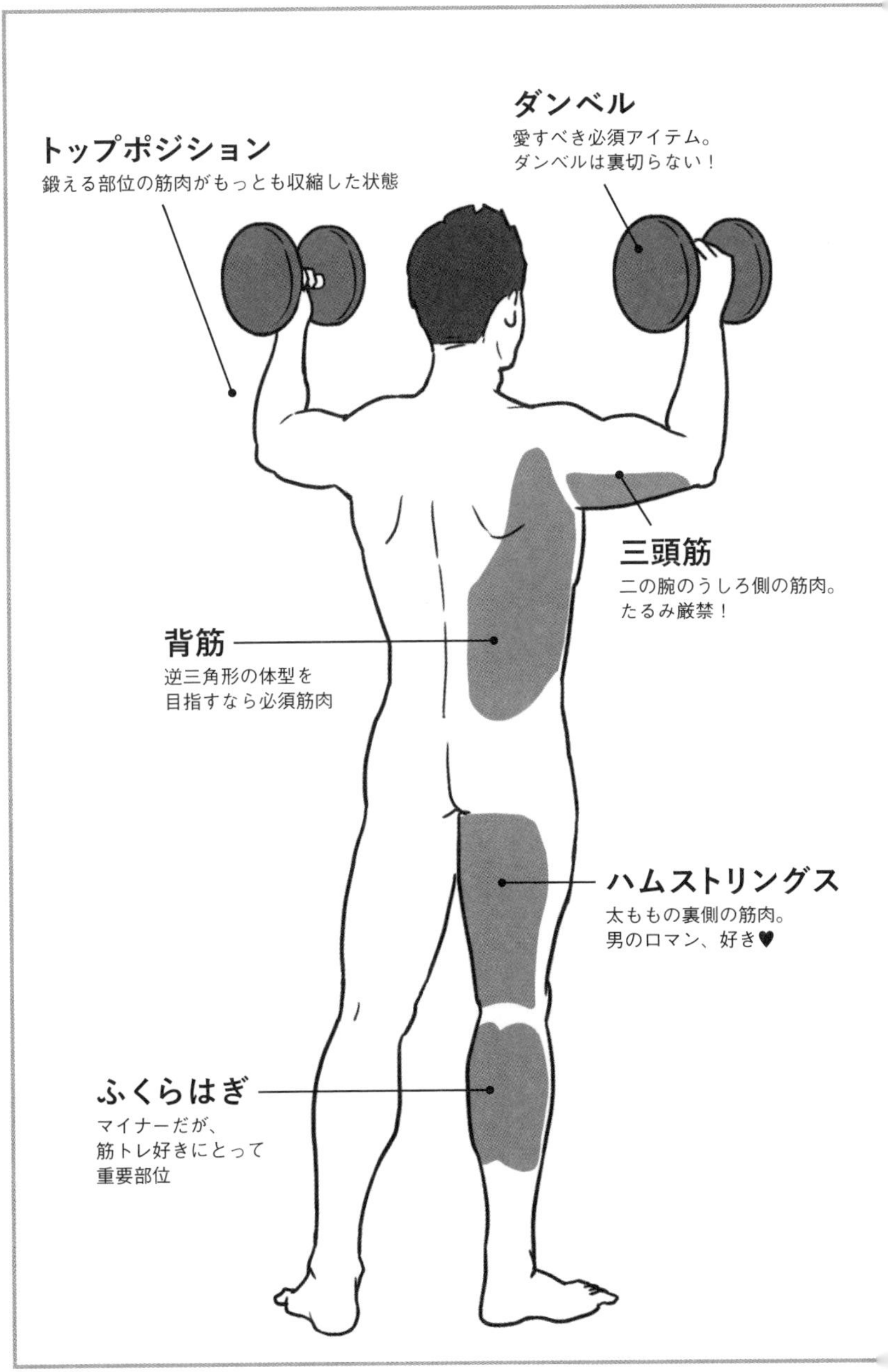
ダンベル
愛すべき必須アイテム。
ダンベルは裏切らない！
トップポジション
鍛える部位の筋肉がもっとも収縮した状態
三頭筋
二の腕のうしろ側の筋肉。
たるみ厳禁！
背筋
逆三角形の体型を
目指すなら必須筋肉
ハムストリングス
太ももの裏側の筋肉。
男のロマン、好き♥
ふくらはぎ
マイナーだが、
筋トレ好きにとって
重要部位

人生の99.9%の問題は、筋トレで解決できる!

はじめに —— 4
知っておきたい筋肉図&筋トレ用語 —— 10

Part 1 人間関係・女性関係に困ったら、まずは筋トレ

悩み① 「異性にモテない、苦手」➡二頭筋トレーニング
大きな力こぶはモテます。ええ、大変モテます。 —— 18
Recommend Exercise オルティネイトダンベルカール —— 23
腕が太い奴には無条件でリスペクト。これは男の性、本能。 —— 24
Recommend Exercise ハンマーカール —— 27
筋トレってほんとシンプル。まずはパンプを感じればいい! —— 28
Recommend Exercise バーベルカール —— 31
悩み② 「自分が好きになれない」➡三角筋トレーニング
手っ取り早く、男らしくなりたいなら「肩幅」です。 —— 32
Recommend Exercise ダンベルショルダープレス —— 37
大きな肩幅は戦闘能力の判断基準。本能に訴え、優位に立て! —— 38
Recommend Exercise フロントレイズ —— 41

Contents

筋トレは不正できない。自分の弱さから目をそらすな。——42

Recommend Exercise サイドレイズ——45

悩み③ 「ライバル(あいつ)に勝ちたい」➡ふくらはぎトレーニング

素人が手を抜く、むきむきのカーフは超目立ちます!——46

Recommend Exercise ダンベルカフレイズ——51

美脚! 健康力アップ! 鍛えていいことしかないのがカーフ。——52

Recommend Exercise ドンキーカフレイズ——55

人が嫌だと思うものにこそ、「勝利」のヒントがあるんだぜ。——56

Recommend Exercise バーベルカフレイズ——59

●Testosteroneのつぶやき①——60

Part 2

メンタルが弱ったら、そく筋トレ

悩み④ 「やる気がでない、無気力」➡大胸筋トレーニング

胸トレは筋肉好きにとっての〝ご褒美〟。テンション爆上げ!——62

Recommend Exercise ディクラインプッシュアップ——65

Contents

筋トレ→パンプを感じる、筋トレ→パンプ……最高に気持ちいい。―――66
Recommend Exercise フロアダンベルフライ―――71
今の目標って何？ 明確だったら「やる気」なんて関係なし。進め！―――72
Recommend Exercise ベンチプレス―――75

悩み⑤ 「自分に自信がもてない」→背筋トレーニング
ゴツゴツした背中を手に入れて、内なる〝野生〟を呼び覚ませ。―――76
Recommend Exercise ダンベルロウ―――81
「背中で語る」は男のロマン、憧れ。背筋がそれを可能にします。―――82
Recommend Exercise ベントオーバーロウ―――85
ライバルは〝昨日の自分〟。筋トレってそういうこと。―――86
Recommend Exercise プルアップ―――89

悩み⑥ 「最近、ちょっと停滞気味」⬇三頭筋トレーニング
高い腕時計や車も、太い腕なしではキマりません。説得力0。―――90
Recommend Exercise ダンベルエクステンション―――93
筋トレって、じつは予防医学。体調変化に気づかせてくれる。―――94
Recommend Exercise ダンベルスカルクラッシャー―――99

停滞期は成長の証。視点を変えて工夫！ それには、はい、筋トレ。――100
Recommend Exercise ナローベンチプレス――103
● Testosteroneのつぶやき②――104

Part 3 人生に行き詰ったときも、やっぱ筋トレ

悩み⑦ 「自己管理が苦手、自分に甘い」➡腹筋トレーニング
おなかの脂肪はダイエットの難敵。簡単にやせる方法なんてない。――106
Recommend Exercise クランチ――111
割れた腹筋は、自己管理ができている一番確実な証拠。――112
Recommend Exercise レッグリフト――115
筋トレは甘えを許さない。器と意志力は自分で決められるはず。――116
Recommend Exercise アブローラー――119
悩み⑧ 「毎日がつまらない、退屈」➡脚トレーニング
脚の太い奴がもっともリスペクトを集める。ジム限定ですが。。。――120
Recommend Exercise ダンベルランジ――125

Contents

脚トレは禁断の麻薬……LOVE&HATEなんですわ。――126
Recommend Exercise ゴブレットスクワット――129
脚トレの限界は「心」が決める。乗り越えられれば人生楽勝！――130
Recommend Exercise バーベルスクワット――133

番外編 スクワットは地球上すべての悩みと問題を解決する、その第一歩。――134
スクワット 正しいやり方 その1――138 その2――140 その3――141
●Testosteroneのつぶやき③――142

Part 4 ダイエット成功への近道は、もちろん筋トレ
きれいにやせたいなら、8週間だけ筋トレしてくれ――144
[第一段階] 1week「食事」中心に、徐々に上げていけ――148
[第二段階] 2～4weeks 筋トレ開始！ ビビるな。楽しめ！――150
[第三段階] 5～8weeks 結果は絶対に出る。信じろ！――152
[食事編] タンパク質は正義だ。愛せ――154

●おわりのつぶやき――158

※本書で紹介している筋トレは、無理をせず、ケガをしないように行ってください。

Part 1

人間関係・女性関係に困ったら、まずは筋トレ

二頭筋トレーニング
Biceps Training

三角筋トレーニング
Deltoids Training

ふくらはぎトレーニング
Calf Training

二頭筋トレーニング  Biceps Training

悩み1 異性にモテない、苦手

大きな力こぶはモテます。ええ、大変モテます。

アメリカには、こんな言葉がある。

「教育は大切だ。しかし、**巨大な二頭筋のほうがもっと大切だ**」。僕の人生の経験からいっても、この言葉は的を射ていると思う。

いや、たしかに教育はとても大切だ。「そもそも筋肉と比べるな！」って意見もあるよな、わかる、わかるよ。

しかし、考えてみてほしい。〝モテる〟ことに限っていうなら、高等教育エキスたっぷりの**「スマートさ」を上手にアピールすることって結構難しい。**仮にイカした知識を身につけていても、お目当ての女性とそれなりに話をして、コミュニケーションがとれたところでようやく、「この人、頭いいのね」っ

て感じで自分の魅力として成立してくる。つまりこのモテ方は、自分のコミュニケーションスキルがある程度高いことが前提ともいえる。

一方の二頭筋は、もう「見たまんま」。二頭筋といえば、〝マッチョ〟や〝ムキムキ〟という筋肉イメージの代名詞。〝力こぶ〟なんて、力の象徴みたいな別名も持っているすごい奴だ。

そして注目すべきは、この筋肉の「位置」である。文部科学省の調査によれば、20～44歳の日本人男性の平均身長は約１７１㎝、女性は約１５８㎝。その身長差なら、女性の目線の高さというのは、ちょうど二頭筋が目に飛び込んでくる位置となる。

だからもし相手が筋肉好きな女性ならとくに、出会った瞬

間から**「あらっ、いい身体してるわね」**と、そのハート
の一端をぐぐっと惹きつけることができる。
実際の話、女性に「筋肉触らせて〜♡」と言われたとき、一番
触られる可能性が高いのが二頭筋。「ぶら下がらせて〜♡」っ
て言われるのも二頭筋。つまり、女の子とのコミュニケーション
に一役買ってくれる「雄弁な相棒」ってわけだ。
だから、巨大な二頭筋は、もはや**愛のキューピッドと言っ
ても過言ではない**（過言？）。
直球で、わかりやすくモテたいなら、やはり二頭筋を育むの
が「教育より大切」かもしれないでしょ。
はっきりさせておこう。

大きな力こぶはモテる。そりゃあ大変に、モテる。

アメリカのモテたい男子は、日々せっせと二頭筋を鍛え続ける。「Curls for the girls」（〝ガールズ〟という二頭筋を鍛える運動は、〝ガールズ〟のためにある。うまいこと韻《いん》を踏んでる）なんて言葉もあるほどである。

また、日本にも「**二頭筋のピーク**（盛り上がり）は、**富士山のピーク**（山頂）**より美しい**」という言葉がある。まあ、この言葉、僕が今勝手に作ったんだけど。

女性だって、二頭筋を鍛えると腕全体が引き締まる。赤ちゃんの抱っこだって楽勝だし、スーパーの買い物袋なんて、車から自宅玄関まで一回で運べる。悪いことは言わん、鍛えとけ！

Recommend Exercise

愛のキューピッド「二頭筋」を鍛えろ!①

オルティネイトダンベルカール

Point!
力は抜かず二頭筋に愛をこめて

Point!
ダンベルで半円を描くように

1 両手にダンベルを持ち、体の横に構えて直立。これがスタートポジション。

2 上半身は動かさず、ダンベルが肩と同じ高さに来るまで片方の手を持ち上げる。「二頭筋をさらに収縮!」と意識し、1秒ほど停止。

3 二頭筋から力を抜かず、ダンベルをコントロール下のもと、ゆっくり下ろす。「二頭筋、かっこいい」と、鏡を見ながら行うとベター。

4 左右交互に、10〜15レップ繰り返す。

動画へGO!

悩み1 異性にモテない、苦手

**腕が太い奴には
無条件でリスペクト。
これは男の性、本能。**

二頭筋を鍛えると、異性にモテるだけじゃない。はっきりいって同性にもモテる。というか、同性にめっちゃモテる（うれしくねえ）！　なぜかといえば、男という生き物は、**初対面では必ず相手の腕の太さに注目してしまうからだ。**

これはどうしても抗えない本能なのである。

いや、本当のことを言えばね、個体としてのパワーを推し量るなら下半身の強靭さを見るべきだし、上半身でも胸板の厚さのほうに目をやるべき。

なのに、なぜに男たちは、強さとはほとんど関係ない二頭筋にばかり目を奪われるのか。現代の科学技術をもってしても解き明かされていない謎である。

いずれにせよ、ぶっとい腕を見ると、男は憧れ、尊敬の念を抱く。多少の畏怖も手伝って「こいつとはとりあえず仲良くしておこう」と思うのは間違いない。つまり腕が太いだけで周囲の男からは無条件の本能的リスペクトが集まり、人間関係がこじれにくくなる。当然、仕事もうまくいきやすくなるし、友達だって作りやすくなる。**だから腕を太くすることが、人生を好転させるきっかけになるというわけ。**

そして二頭筋は、腕をぐっと曲げるだけでモリっと盛り上がってくれ、腕の太さをアピールしてくれる。二頭筋さえ鍛えておけば、**男からも女からもモテモテ**なのだ。鍛えないという選択肢がないだろう？

Recommend Exercise

愛のキューピッド「二頭筋」を鍛えろ!②

ハンマーカール

Point!
前腕の血管が浮き出て素敵♥

Point!
腕は同時でも左右交互でもよい

1 基本的なやり方は23ページと同じ。違いはダンベルの上げ方。掌を胴体に向けたまま上げる。

2 ダンベルが肩と同じ高さに来るまで持ち上げる。上腕は動かさず、前腕だけ動いていれば正しくできている証拠。

3 10〜15レップ繰り返す。ダンベルの上げ方が違うだけだが、前腕の筋肉も鍛えることができる。

動画へ
GO!

悩み1 異性にモテない、苦手

個人的な経験を話そう。

僕は高校からアメリカに留学していたのだが、初年度に在籍していた寮制の学校は、恐ろしく田舎にあった。

周囲にはホントになんにもなかった。最寄りのコンビニが徒歩40分というレベルだ。娯楽と呼べるものは2つ、敷地内にあったジムとバスケットコートのみだった。つまり、筋トレとバスケットしかやることがなかったわけだ。

そんな環境の中、僕は半強制的にバスケと筋トレにのめり込んだ。そして、**最初にトレーニングした部位こそ、何を隠そう二頭筋なのである。**理由は単純。僕の中で筋トレといえば、力こぶを鍛えるカールのエクササイズ以外のイ

メージがなかったからである。筋トレ＝カールだったのである（笑）。これはきっとポパイの責任に違いない。

二頭筋のトレーニングの良いところは、視覚で確認できるうえに、**もっとも簡単に筋トレの効果を体感できること**だろう。

素人であっても、ちょっとトレーニングするだけでパンプ（筋肉の稼働により、血流が対象部位に流れ込んで筋肉をパンパンに腫れ上がらせる現象）して、筋肉が熱くなるのを感じられる。筋肉も比較的短期間で大きくなって成果が見えやすい。だから二頭筋は、いわば**筋トレの〝入門筋肉〟**だ。「異性にモテたい」という動機で十分！　さあ、レッツ、トライ。

Recommend Exercise

愛のキューピッド「二頭筋」を鍛えろ!③

バーベルカール

Point!
トップPから
二頭筋を
さらに収縮!
Point!
バーベル
持ってる自分に
惚れんなよ

1 バーベルを肩幅に合わせて両手で持ち、ひじをできるだけ胴体に近づけて直立。

2 肩の高さまで半円を描くようにバーベルを持ち上げ、1秒ほど停止。小指を内側にひねり、バーベルをへし折るイメージで。

3 二頭筋から力を抜かず、バーベルをコントロール下のもと、ゆっくり下ろす。上半身は動かさないこと。

4 10〜15レップ繰り返す。中上級者向けなので、ジムなどのトレーナーにやり方を教えてもらうことをすすめる。

動画へ
GO!

三角筋トレーニング  Deltoids Training

悩み2 自分が好きになれない

手っ取り早く、男らしくなりたいなら「肩幅」です。

「大きくて丸々とした肩を持つことは、人間トリックアートになる一番の近道だ」。

アメリカでは誰もが知っている格言……というわけではなく、僕が勝手にこしらえたものだ。アイムソーリー。

でも、これはまぎれもない事実。

まるでトリックアートのように遠近感がおかしくなるほど、ベリーマッチョな逆三角形の身体を作るなら、**三角筋を鍛えて肩幅を広くする必要がある**のだ。

逆三角形のシルエットを手に入れるためには、広背筋と胸筋を鍛え、上半身のボリュームをアップすることが大切であるが、肩の筋肉を鍛え、肩幅を広く見せる点が見落とされがちである。

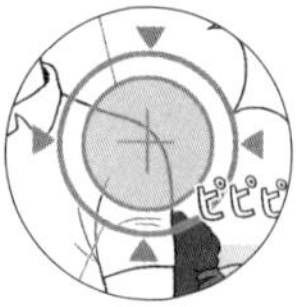

さらには、いくら胸板が厚くとも、腕が太くとも、**肩が撫で肩だったりすると、迫力が一気に欠けてしまう。**

だから手っ取り早く男らしい身体になるためには、肩の筋肉である三角筋を鍛えるのが近道だと言える。

三角筋は、肩の関節を広く覆うようについており、肩幅の広さに直結する筋肉である。

広い肩幅の持ち主というのは、相当に目立つ。薄着の季節はもちろん、冬だって肩幅は服の上からでも一発でわかる。ビジネスマンの戦闘服、スーツ姿もばっちりキマる。

男にとって**肩幅というのは、頼りがいの象徴だ。**

新人であっても、肩幅が大きいだけで「コイツに任せとけばなんとかするだろう」って思われるし、上司なら「この人なら安心してついていけそう」って気分にさせる。

肩幅の広い男。それは男の中の男っ！　筋骨隆々の〝トリックアート的身体〟で周囲から頼られる存在になるためには、まずは肩の筋肉を拡張するべきなのだ。

さらに肩幅が大きければ、その分ウエストが細く見えるっていう視覚的な効果もアリ。仕事が果てしなく忙しくて、**おなかが出てきちゃったとしても、強引にごまかせる**のだ！

また、女性であっても三角筋を鍛えるメリットはビッグ！

ウエストを細くするというのはかなり難しいが、**肩幅を広くして相対的にウエストを細く見せる**ことは結構簡単。

そして〝くびれ〟が強調できれば、英国紳士たるジェームズ・ボンド氏も真っ先に口説きに来るようなセクシーガールの誕生である。パーティーでドレスなどを着用するときなどはとくに、しっかりと肩を鍛えている女性のシルエットは、それはそれは美しく、華やかに見える。

このように、**男をかっこよく、女をセクシーに変身させてくれる三角筋。**鍛えたくなってきただろう？

誰も止めんよ。ジム行ってこい！

Recommend Exercise

「三角筋」を鍛えてワンランクアップ①

ダンベルショルダープレス

Point!
背中を反りすぎず、おなかに力を入れる

Point!
最後まで気を抜かず、ゆっくり下ろせ!

1 ダンベルを両手に持ち、直立。体の反動を使って顔の高さまでダンベルを持ち上げる。前腕と上腕の角度は90°を保ち、掌は正面に。

2 息を吐きながらダンベルを持ち上げ、頭上で1秒ほど停止する。

3 息を吸い込みながらゆっくりとダンベルを下ろす。下ろす動作でも筋肉は鍛えられる。

4 8〜16レップ繰り返す。

動画へGO!

悩み2 自分が好きになれない

大きな肩幅は
戦闘能力の判断基準。
本能に訴え、優位に立て！

人間というのは、当然だが、動物である。だから、どんなに知能が発達しても、その裏に潜む本能を抑えることはできない。かの天才、アインシュタインにだってできない。

スイカか⁉ メロンか⁉ と思わせるような大きな肩の持ち主に出会うと、男のDNAに刻まれし〝本能〟が顔を出し、アラートをビービーと鳴らす。動物というのは、自分より大きい生物を見ると恐怖を感じ、尊敬を払うものである。「ガタイが良い」っていう表現の基準は、間違いなく肩幅だ。つまり、人間は本能的に肩幅で相手の戦闘能力を判断する。

何が言いたいかって、**肩幅が広いだけで、相手に対し優位な立場になれる**ってことだ。世界共通、あらゆる

場所で肩幅の広い男は一目置かれ、本能的な敬意の対象となる。ビジネスシーンでも、いきなりナメられるようなことはないし、交渉事にもプラスに働く。なんせ本能に訴えるんだもの。

そうして一見、「この人怒らせたら怖そうだな……」って思う人がちょっと笑ったり、優しさを見せたりすると、**そのギャップがこれまた人の心に刺さる。**まあ、刺さりますな。「○○さん、ギャップ萌え♡」ってなる……はず。

身体の大きさって観点からいうと、身長というのは努力しても伸ばすことはできないけれど、肩幅ならトレーニングで大きくできる。そうして〝本能に訴えかける武器〟を磨けば、人生がグンと生き易くなるはずだ。だまされたと思って肩を鍛えろ！

Recommend Exercise

「三角筋」を鍛えてワンランクアップ②

フロントレイズ

Point!
体の反動は使わず、三角筋を意識
Point!
軽い重量でも肩がごっつくなる!

1 両手でダンベルを持ち、直立。掌を体側にして、両手を体の前でぶらんと下げる。

2 体前方に円を描くように、肩より少し上(目線の位置)までダンベルを一気に上げる。

3 腕を伸ばしたまま(ひじは少し曲げる)、掌は下向きをキープ。1秒ほど停止し、ゆっくりと下ろす。

4 スタートポジションまで戻したら、すぐにまたダンベルを持ち上げる。10〜15レップ繰り返す。

動画へ GO!

悩み2 自分が好きになれない

筋トレは不正できない。
自分の弱さから目をそらすな。

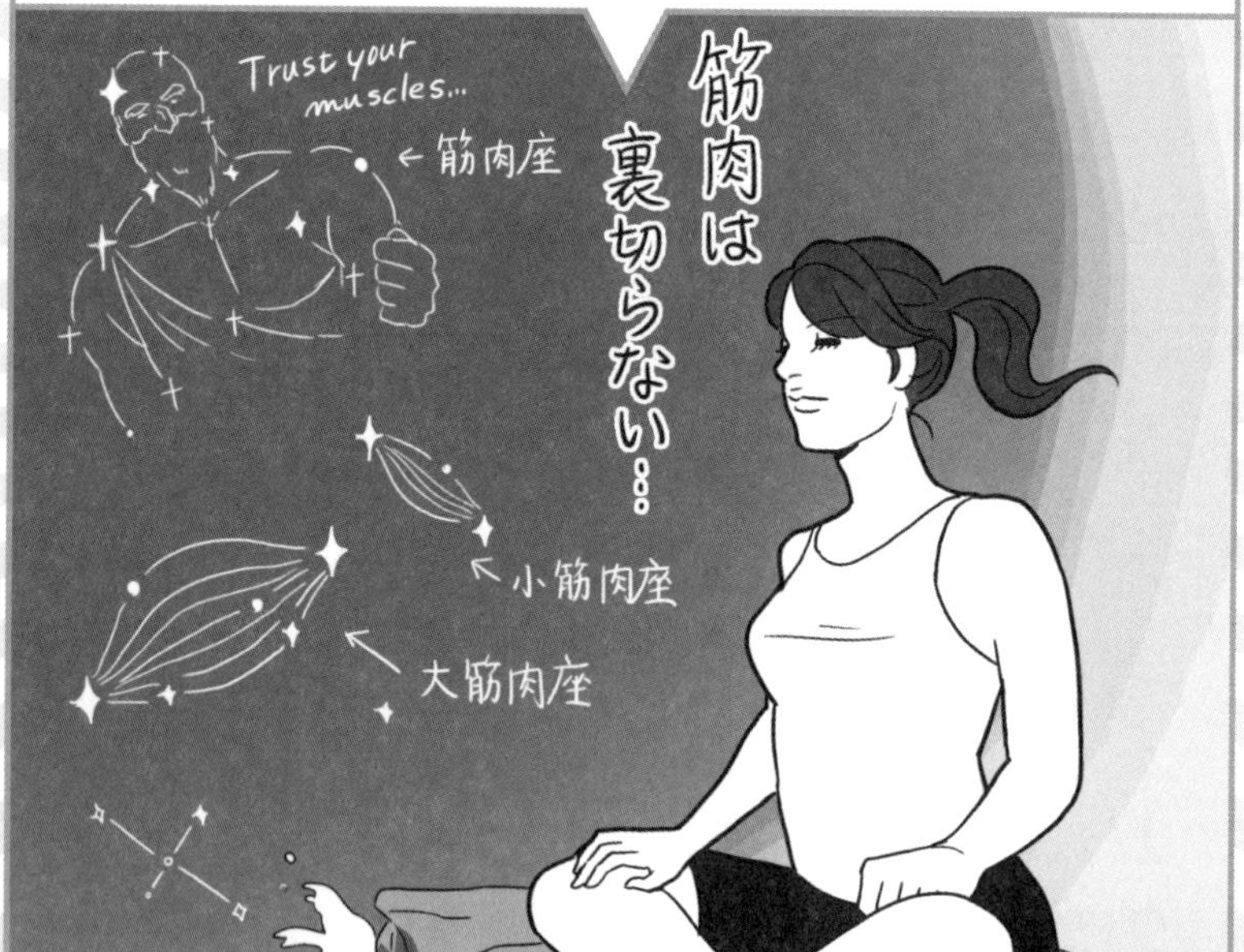

僕は今まで、肩こりのひどい筋トレ好きと会ったことがない。それはおそらく、肩の筋トレのおかげだろう。肩周りの筋肉を鍛えることで、血行がよくなり、代謝も上がって、肩こりになりづらい身体へと進化を遂げているのだ。

肩の筋肉がついた自分を鏡で見ると、**シンプルに〝雄としての自信〟が持てる。**筋トレというのは不正ができないもので、ついた筋肉こそがトレーニングを乗り越えてきたという証だ。

アメリカには、**「自分を出し抜いたってしかたがない」**という言葉があるが、そのとおり。人生でも、手を抜いたりズルをしたりするのは勝手だが、それでは〝成功〟は手に入ら

ない。地道なトレーニングをして初めて筋肉が生まれるように、地道な努力によって初めて君の人生は輝きだすのだ。

まず、自分の筋肉、自分の弱さから目をそらさないこと。

今は貧弱な身体、貧弱な心であっても、しかたがない。それを受け入れたところから、成長は始まる。

そして、自分なりに努力を重ねて、筋トレして、ある日、鏡に映った自分を見てほしい。**筋肉は努力を裏切らない。**以前より大きくたくましくなった身体が、心にも自信を与え、強くしてくれる。それを繰り返していればいつか〝無敵の自分〟になれるだろう。「俺は逃げも隠れもしねえ。文句あるならかかってこい」って態度で生きるのは気持ちがいいぞ！

Recommend Exercise

「三角筋」を鍛えてワンランクアップ③

サイドレイズ

Point!
体の反動は使わず、三角筋を意識

Point!
中上級者向けだが、習得したら素敵

1 ダンベルが体の横にくるように両手で持ち、直立。

2 なるべく腕は伸ばしたまま(ひじは少し曲げる)、床と平行になるまでダンベルを真横にゆっくりと上げる。

3 トップポジションに近づくにつれ、コップに水をそそぐようなイメージで掌を体側にひねる。その状態で1秒ほど停止。

4 ゆっくりとダンベルを下ろし、胴体にタッチしたらすぐに上げる。9〜16レップ繰り返す。コツをつかむ必要があるが自宅でも可能。

動画へGO!

悩み3 ライバル(あいつ)に勝ちたい

素人が手を抜く、むきむきのカーフは超目立ちます！

アメリカでも日本でも、カーフ（ふくらはぎ）トレーニングが大流行！……したことはおそらく今までにない。一度も……。

カーフにまつわる格言もないし、気の利いた文句もない。

なぜなら、カーフは筋肉の中でもっともマイナーな部位のひとつだからである。カーフのトレーニングはしないっていう筋トレ好きも結構多い。

しかし、だからこそ断言しておこう。**カーフはぜひ鍛えておくべき重要部位**である、と！

日本では、「筋肉」といえば腹筋が一番人気だが、腹筋をアピールできるタイミングって、そんなにある？　プールか海しかないんじゃない？　いくら暑い日でも、街中では上にタンクトップ

ぐらいは着るはず。

すなわち、腹筋は見えないのだ！

一方の、カーフはどうか。見える。**ハーフパンツを履いているときは、いつでもむき出し**である。普段着で露出できる筋肉は、腕とカーフだけなんだから、やっぱり鍛えておきたい。

僕も、筋トレ好きに「カーフ、太いですね」とほめられれば、やはりうれしい。**わかる人にはわかるんだな**、とマニアック部位ならではの喜びが味わえる（ただし心の中では、〝ありがとな。でも見てほしいのはそこちゃうねん。四頭筋とハムストリングスを一番見てほしいねん。ちょっとパンツ一丁になっていい？〟

と思ってる)。

太いカーフは、「この人はきっと昔、スポーツをやっていたんだろうな」と相手に想起させる。すなわち、**カーフを鍛えると、**どんな人でも**元アスリートに見えてしまう**のである。スポーティな人って、かっこいいよねという感じ。

実際に、カーフはスポーツをするうえでもっとも重要な筋肉のひとつである。内側腓腹筋《ひふくきん》、外側腓腹筋、そしてヒラメ筋の三つの筋肉から構成され、体全体の体重を支える役目を担っている。

このようにきわめて鍛えるメリットがある筋肉なのに、なぜ

こんなにも人気がないのか？

カーフは毎日の生活で普通に負荷がかかっており、トレーニングに対する反応が悪いうえに、そのバリエーションが少ないっていうのが大きな理由だろう。可動域も狭いし、はっきりいって、もっとも鍛えにくくて地味な筋肉のひとつだ。

しかし、だからこそやりがいがあるというもの。

素人やライバルたちが手を抜く部分を、あえて鍛えることで、差をつけられる。

鍛えられたカーフは、はっきりいって超目立つ。**他人より一歩抜きん出たいのなら、他人がやってないことをやれ。**カーフを徹底的に鍛えろ!!

Recommend Exercise

目指せ、なんちゃって元アスリート①

ダンベルカフレイズ

Point!
トップPで筋肉の収縮を意識
Pi!
Point!
つま先に全体重をのせる

1 5〜10cmの台（木の板や雑誌など）につま先をのせ、ダンベルを両手に持ち、直立。これがスタートポジション。

2 つま先を真っ直ぐにした状態で、踵を浮かせる。めいっぱいまで踵を上げて1秒ほど停止。

3 踵をゆっくり下ろし、床についたら間髪をいれずにまた踵を上げてトップポジションで停止。これを25〜50レップ繰り返す。

動画へGO!

悩み3 ライバル（あいつ）に勝ちたい

**美脚！ 健康力アップ！
鍛えていいことしかない
のがカーフ。**

カーフを語るうえで、忘れてはならないのは、カーフが「第二の心臓」って呼ばれるほど、身体にとって重要な筋肉であること。身体の下のほうにある筋肉の中でとくに大きく、心臓から送られてきた血液を、ポンプのように心臓に押し返す役割を担っている。もしカーフが十分に発達していないと、足の冷えやむくみなど、さまざまな健康上の問題が起こる可能性がある。

これらの**悩みを解決するには**、やはり**筋トレが一番だ。**第二の心臓を鍛えることで、全身の血流の循環が良くなれば、心身ともに健康になっていく。

ただ、こうしていくらメリットを説いたところで、美脚を目指す女性からは「カーフなんて鍛えたら、**大根足になっちゃ**

う」なんて悲鳴が聞こえてきそうだ。ところがどっこい、ところがどっこい、なのである（大切なので2回言った）。

カーフを鍛えると、その分足首が細く見え、また脚全体が引き締まってスマートに見える効果がある。きゅっと締まったカーフは、ハイヒールを美しく履きこなすのにも大活躍。いわば**カーフこそが美脚を演出してくれる**のだ。

スカートファッション好きのおしゃれガールはとくに、露出しがちなカーフを鍛えておこう！

わかってほしいのは、カーフを鍛えるメリットは計り知れないってことだ。美脚が街に増えたら、日本は平和な国になりますよ。ええ。

Recommend Exercise

目指せ、なんちゃって元アスリート②

ドンキーカフレイズ

Point!
ふくらはぎ、
つる!
もう無理!
Pi!
Point!
限界まで
やらないと
ダメ

1｜2人で行う高負荷なトレーニング。1mほどの台(テーブルなど)に手をつき、前傾姿勢をとる。パートナーに、腰に座ってもらう。

2｜全体重がつま先にかかるように、つま先立ちをする。できるだけ踵を上げ、1秒ほど停止。動かすのはつま先だけ、ひざは曲げない。

3｜踵をゆっくり下ろし、床についたら間髪をいれずにまたつま先立ちをして、トップポジションで停止。これを25〜50レップ繰り返す。

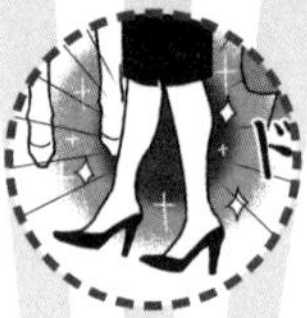

悩み3 ライバル（あいつ）に勝ちたい

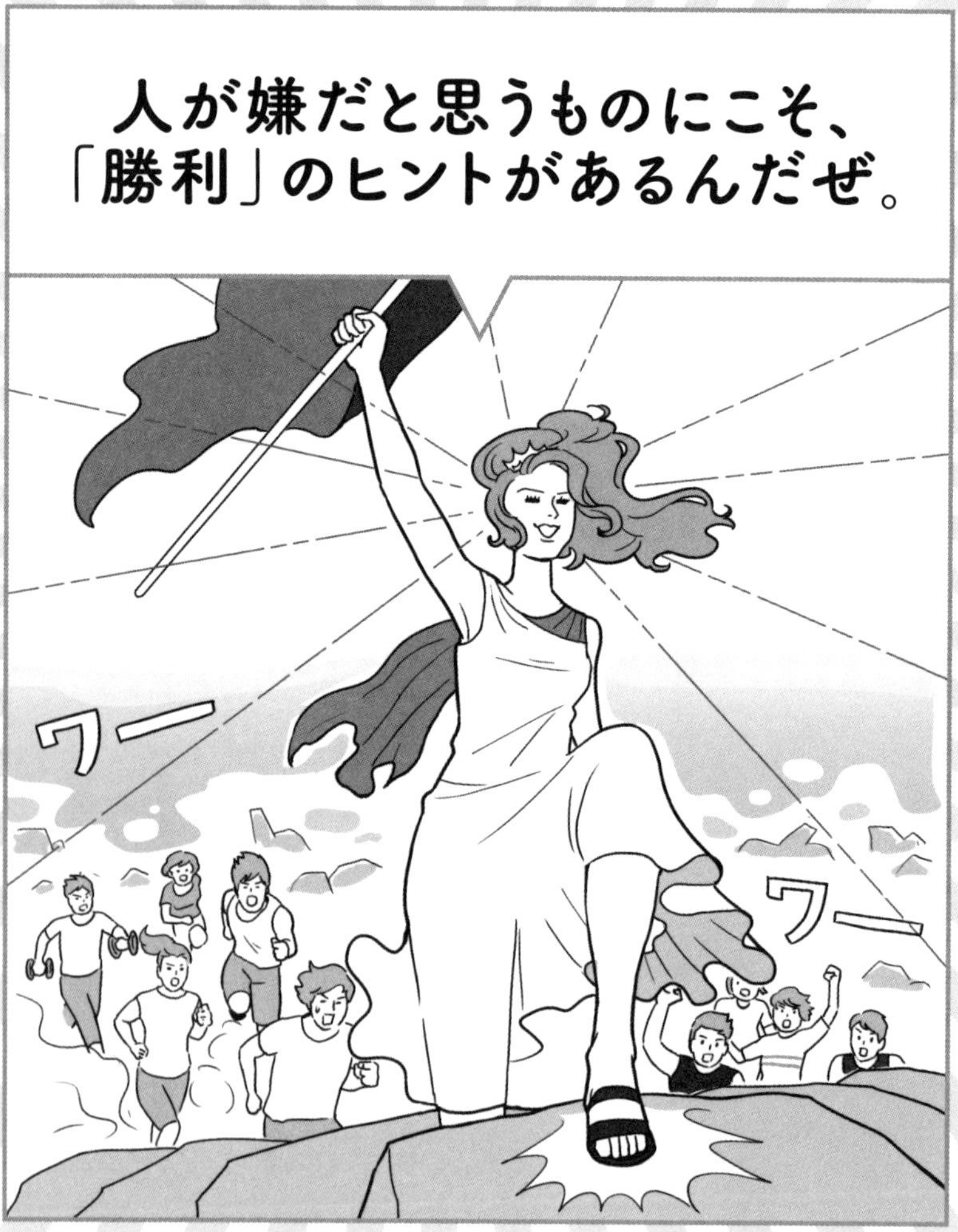
人が嫌だと思うものにこそ、「勝利」のヒントがあるんだぜ。
ワー
ワー

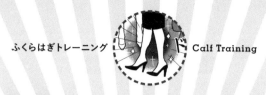

ばかでかいカーフはたしかにかっこいいが、筋トレ好きの間では、「カーフってめんどくさい」が合言葉。カーフトレーニング大好きって人にはまずお目にかかれないが、プロのボディビルダーは、さすがにカーフもきっちり鍛え上げる。ただ、**カーフの大きさは生まれ持った体つきに左右される**部分も大きいため、努力がそのまま報われるとも限らない。

しかし、彼らは「生まれつき決まっているから」なんて言ってあきらめないし、そんなことは言い訳にしない。ただ**黙々と、地味なトレーニングを繰り返す。**

これは人生にも言えることだが、やる前から「才能がない」といってあきらめてしまっては、なにも始まらない。それは、目

標から目をそらすための言い訳に過ぎない。

才能なんて、試してみなけりゃわからない。だから、他人に勝る才能を見つけるには、できるだけ多くのチャレンジをするしかない。努力が報われないときもあるけれど、成功している人間は必ず、努力しているのだ。

そして、他人と差をつけたいなら、カーフのような、**人が注目していないところに目をつけるべき**なのだ。人と同じことをやっていては抜きん出るのは難しい。派手な物事よりも、一見地味で「嫌だな」と思うことのほうに、じつはチャンスやヒントが隠れていることが多い。カーフが僕たちに教えてくれる人生の真理だ。ちょっとカーフ鍛えてくる！

Recommend Exercise

目指せ、なんちゃって元アスリート③

バーベルカフレイズ

Point!
腹筋に
力を入れて
直立
Calf
Point!
背中を
丸めない、
反らさない

1 基本的なやり方は「ダンベルカフレイズ（51ページ）」と同じだが、決定的な違いはダンベルの代わりにバーベルを使用。

2 バーベルのバーを握り込み、脚のドライブとともに持ち上げる。バーを肩の高さに設置し、僧帽筋にのせ担ぐ。

3 「ダンベルカフレイズ」と同じように、つま先を台の上にのせ、踵の上げ下げを行う。

4 25〜50レップ繰り返す。安全のためにも、セーフティーバーのついたパワーラック内で行うように。

動画へGO!

Testosteroneのつぶやき①
［人間（女性）関係解決編］

"生物として弱い"と認識されるとなめられて仕事押し付けられたり、イジメられたりします。「俺をなめんなよ」と常日頃から攻撃的な性格でいるとただの痛い人。嫌われます。どうしたら穏やかに過ごしつつも"危険な生物"と認識してもらえるのか？　答えは簡単。筋肉です。筋肉は生活に平穏をもたらします。

Part 2

メンタルが弱ったら、そく筋トレ

大胸筋トレーニング
Pectoralis major muscle Training

背筋トレーニング
Latissimus dorsi Training

三頭筋トレーニング
Triceps Training

大胸筋トレーニング  Pectoralis major muscle Training

悩み4 やる気がでない、無気力

胸トレは筋肉好きにとっての"ご褒美"。テンション爆上げ!

アメリカには「Monday is international Chest Day!」という言葉がある。直訳すると**「月曜日は国際胸筋トレーニング日です」**となるのだが……。

筋トレ好き以外の人は、「ちょっと何言ってるかわからない」って思うだろう。

順を追って説明しよう。なにゆえに月曜日が「国際胸筋トレーニング日」なのかということには、さまざまな説がある。

その一部を紹介するなら、楽しい休日が終わり「ああ、明日からまた仕事かぁ」と最高にテンションの下がる日曜午後――の翌日に胸のトレーニングを持ってくることで**月曜日への期**

待値を高め、テンションを保つためという説や、**週末にしっかり休んで、月曜日はフルパワーで胸を鍛えるため**という説など。このあたりが主流だろう。

ただ、こうした説に共通する点は、「胸のトレーニングって、ご褒美だよね。もっとも楽しいトレーニングだよね〜」っていうことだ。

はい、そうです。胸のトレーニングは、辛いものではなく、ご褒美なんです。もうね、超楽しいの。だからトレーニングするだけで、テンションが超上がる。

筋トレ好きの中で一番人気のトレーニングは、間違いなく胸トレ。楽しくて身体にも良くてって、もう言うことないよね。

Recommend Exercise

厚い胸板（頼れる象徴）を手に入れる①

ディクラインプッシュアップ

Point!
きつくても、トライ！が大事
Point!
「だっちゅ〜の」を意識
ダラ〜
フウ…

1 約80cmほどの高さの台（椅子やソファーなど）に足をのせ、手を床につき、上半身を持ち上げる。

2 腕を曲げ、息を吸いながら、できるだけ胸を床に近づける。

3 息を吐きながら、掌で床を押して腕を伸ばし、元の姿勢に戻る。1秒ほど停止し、このとき両胸を内側に絞る（だっちゅ〜の的な）。

4 10〜20レップ繰り返す。「少しきつい」という人は、台を使用しないノーマルの腕立て伏せや、ひざをついた状態で行う。

動画へGO！

悩み4 やる気がでない、無気力

筋トレ→パンプを感じる、
筋トレ→パンプ……
最高に気持ちいい。

アメリカで筋トレをしていると、初対面の人にはほぼ必ずと言っていいほど「how much do you bench?（ベンチ、何キロ上げるんだい？）」と聞かれる。

日本でも、筋トレ好き同士が出会ったあとは、高確率で「ベンチプレスはどれぐらい上げますか？」って声をかける。これ、もはやジムでは挨拶代わりの、おなじみのフレーズ。

つまり、ベンチプレスは胸トレの代名詞であるとともに、その重量こそ、**万国共通で認識される、筋肉界のヒエラルキーを形成する値**なのだ。

実際に、ベンチプレスはひとつの競技ともなっていて、世界大会もある。

はっきりいって、筋トレ好きの男どもは、ベンチプレスに恋をしている。婚活中の女子にとっての相手の年収ぐらい、筋トレ野郎にとってのベンチプレスのＭＡＸ重量は偉大で大切な情報と言っていい。

胸のトレーニングをして得られるパンプって、最高に気持ちがいい。もう**脳内麻薬が出まくり**で、ただ**ひたすらに爽快**なんだ。

背中や脚は鍛える感覚をつかむのが難しかったりするが、胸は身体の前面にあるため感覚をつかみやすく、しかも筋肉の動きやパンプを鏡で確認できる。比較的、**初心者でもパンプ**

を感じやすい部位と言ってもよいだろう。パンプを感じたら、それはもう**恋の始まり**だ。

ある程度のレベルまでなら、胸は鍛えれば鍛えるほど順調に大きくなり、それに伴ってベンチプレスで上げられる重量も増えていく。これまで上げられなかった重量が、ある日ぐぐっと上がるあの感動……。

こうして目に見える形で期待に応えてくれるからこそ、胸のトレーニングは楽しいし、テンションが上がるってわけだ。

ちなみに胸筋は、服の上からでも存在が比較的わかりやすい部位である。

女性のハートをわしづかみにしたい男性たちにとって、胸筋

は**スーツやTシャツをかっこよく着こなすのに欠かせないマストアイテム**なのだ。

胸筋が分厚ければ、それだけで意中の女性の目をハートマークにできる。そして**「私を守ってくれそう♡」「強そうね♡」**って**評価もうなぎ上り**間違いなし！

そういったありがたい人気以上に、「ベンチのコツはなんすか!?」「どんなトレーニングしてますか!?」って野郎どもからの人気もうなぎ上り間違いなし（いらないが）！

うん、やっぱりしっかり鍛えておいて損はなし。原稿書いてる途中だけど、ちょっとベンチプレスしてくる。

Recommend Exercise

厚い胸板（頼れる象徴）を手に入れる②

フロアダンベルフライ

Point!

安全のため、ひじを少し曲げる

Point!

大木を思い切り抱きしめるイメージ

1 両手にダンベルを持ち、仰向けになって、ダンベルを顔の上に持ち上げる。掌を向かい合わせにして、腕を伸ばす。

2 半円を描くイメージで、腕（ひじ）が床につくまでゆっくりと両腕を開いていく。腕が床についたら、同じ軌道で元に戻す。

3 トップポジションで1秒ほどダンベルを合わせて、さらに内側に絞り込みながら停止する。10〜20レップ行う。

動画へGO!

悩み4 やる気がでない、無気力

今の目標って何？
明確だったら「やる気」なんて
関係なし。進め！

誰にでも、気分の乗らない日はある。「仕事行きたくない」「やる気がでない」……そんなときは、**とりあえずベンチプレスやっとけ！** それで解決。気分爽快！

そもそも、やる気がでない状態は、大きくいうと2つに分かれると僕は思っている。

ひとつは、身体的な問題。ホルモンバランスや、自律神経の疲労などで、なんとなく気分が落ちるパターンである。もうひとつは、目標が明確ではないこと。自分がなぜその仕事をしているか、どうしてそれに取り組むべきなのかを理解して、**達成するべき目標があれば、やる気がどうこう関係なし**に迷いなくそこを目指せるはずだからだ。

胸筋は前述のとおりパンプしやすく、鍛えるとテストステロンをはじめとしたホルモンが放出される。だからまずは「ご褒美」である楽しい胸トレで身体を思いっ切り動かして、テンションを上げろ。**「おい心！　身体が活発なんだからお前もテンション上げろ！」**と無理やり心をたたき起こせ。

それでひとまず、メンがヘラっているような状態からは抜け出せる。これは僕の経験的にも効果のある方法だ。

そこから先は、自分次第。筋トレと同じで、仕事も成果が上がれば自信がつき、どんどん楽しくなってくる。

そうした成功体験を積むためにも、まずは月単位でいいので、できるだけ具体的な目標を立てて、一歩ずつこなしていこう。

Recommend Exercise

厚い胸板(頼れる象徴)を手に入れる③

ベンチプレス

Point!
上腕ではなく
大胸筋を
メインに
Point!
バーベル
マスターへの
第一歩

1 ベンチに仰向けになり、前腕と上腕が90°ぐらいになる位置でバーベルを握る。肩甲骨を寄せ、バーベルを持ち上げ腕を固定する。

2 息を吸い込み、バーベルをゆっくりと胸に触るまで下ろす。1秒ほど停止し、息を吐きながら一気にバーベルを持ち上げる。

3 5〜15レップ行う。ポピュラーなエクササイズだが、動作は難しく重量も重いため危険も伴う。トレーナーに教わるべき種目だ!

動画へ
GO!

悩み5 自分に自信がもてない

ゴツゴツした背中を
手に入れて、
内なる"野生"を呼び覚ませ。

「REDBULL doesn't give you wings.Only training lats will give you wings.」

直訳すると、「レッドブルは君に翼を与えてくれない。君に翼を与えてくれるのは背中のトレーニングだけだ」となるが……。

説明を加えると、レッドブルというエナジードリンクのコマーシャルでおなじみの「レッドブル、翼をさずける」というキャッチコピーをもじっているわけである。

誤解のないように言っておくけど、僕はレッドブルが好きだ。疲れたときに飲むと、僕に気力を与えてくれる。

でもそれはあくまで応急処置、急造の翼でしかない。正直、

背中トレーニングで手に入る翼のほうが、イカす

よね。

ここで今みんなの頭の中にある疑問に答えることにしよう。

はたして、背中のトレーニングで翼が生えるのか？

はい。生えますね。そりゃあもう、ごっつくて強そうな筋肉の翼が生えますよ。

僕ら筋トレ好きにとって、翼のようにぽってりと盛り上がった背筋というのは、もはや**神々しささえ感じる域の、至高の筋肉**なのだ。

有名な少年漫画で、格闘家の背筋がパンパンに盛り上がり、その凹凸が顔のように見えることから〝鬼の顔〟と揶《や》揄《ゆ》され、その格闘家に対する畏怖の象徴にもなっていた。背中の筋肉は脚の次にデカい筋肉であり、パワーの象徴なのだ。

少し具体的にいうと、**背中の筋肉は「広がり」と「厚み」**という2つの観点から評価される。

背中が広ければ広いほど、ウエストとの差が生まれ**美しい逆三角形体型**となる。また、厚みがあるほど力強く映り、内なる野獣が呼び覚まされたようなゴツゴツとした背中になる。

脚の次に大きな筋肉群、それが背筋。

大きな筋肉であればあるほどパワーもカロリー消費もデカく、鍛えがいがある。だから背中を鍛えることは、ダイエットにも

かなり効果的だ。また、背中の筋肉がつくことで姿勢の悪さも改善される。

ただし、背筋は身体の裏側にあることもあって、普段は意識して使うことがない筋肉である。なので、背中の筋トレはうまく負荷をかけられるようになるまで、コツをつかむのがちょっと難しくもある（でも、本書で紹介しているトレーニングを続ければある程度まではいけるから、安心してくれ！）。

だからこそ逆三角形に広がった**ゴツゴツとした背中は、めちゃめちゃカッコいい**わけだ。

やりがいもあるし、ダイエットになるし、見た目も良くなる。

背中のトレーニングを極めろ！

Recommend Exercise

「背筋」を鍛えて背中で語る①

ダンベルロウ

Point!

背中を真っ直ぐ伸ばす

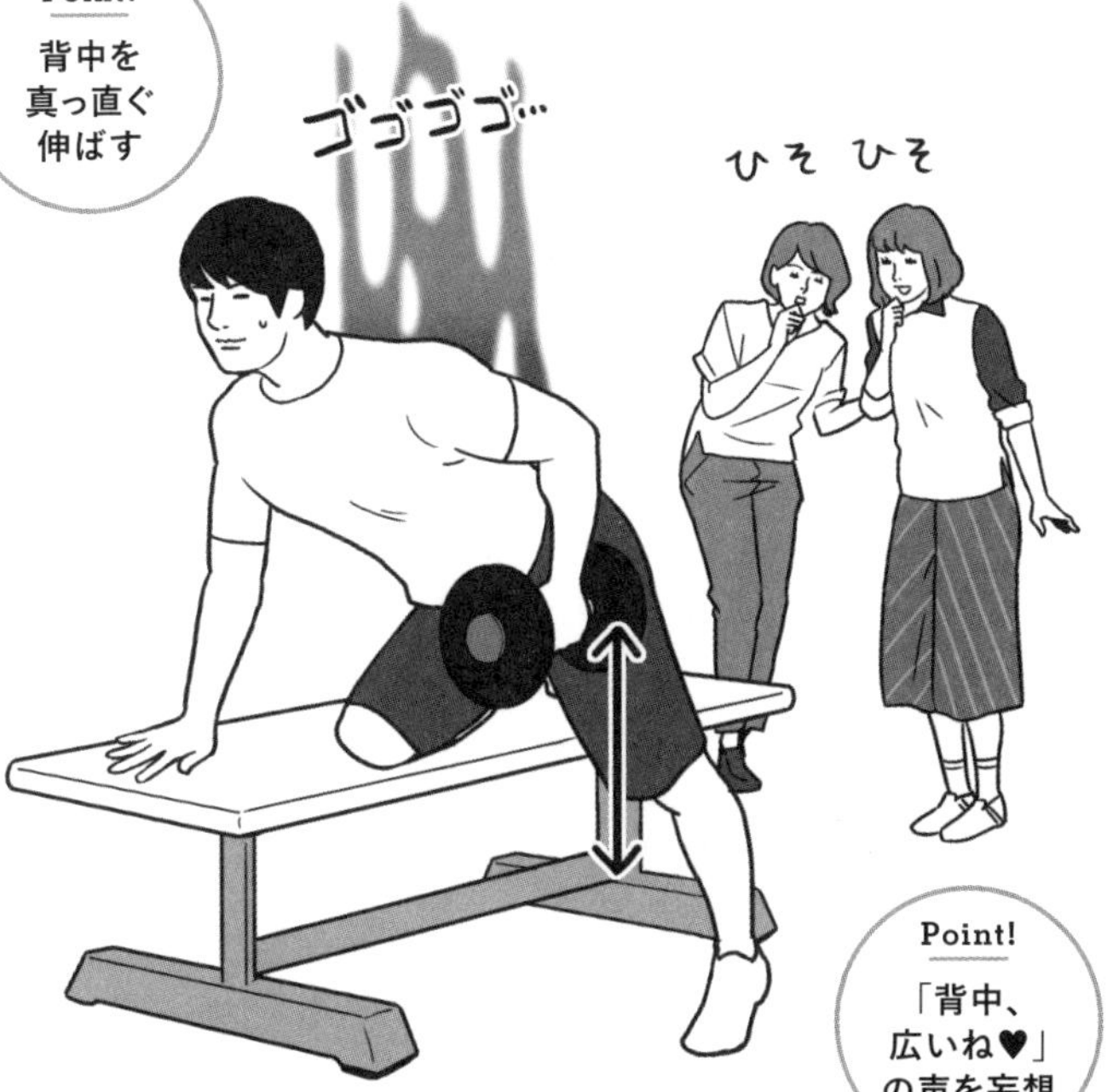

Point!

「背中、広いね♥」の声を妄想

1 右手にダンベルを持ち、左手は80〜120cmほどの台（机や椅子）につく。右足を一歩引き、前傾姿勢をとる。

2 掌を体側に向けたまま、腕ではなくひじから引っ張るイメージで、脇を締めてダンベルを腰骨あたりまで引っ張り上げ、1秒ほど停止。

3 ゆっくりと同じ軌道でダンベルを下ろす。ダンベルの重みによる背中の筋肉の伸びを感じたら、再び引っ張り上げる。

4 10〜20レップ繰り返し、反対の腕でも同じように行う。

※背トレはすべて、親指を外しフックさせ、小指と薬指メインで握り込む「サムレスグリップ」。毎度ですが、握り方大事です。

動画へGO!

悩み5 自分に自信がもてない

「背中で語る」は 男のロマン、憧れ。 背筋がそれを可能にします。

昔から「男は背中で語る」って言われる。

背中とは、モノこそ言わぬが男の証。盛り上がった**背筋からにじみ出るオーラは**、ときに口よりも雄弁となり、**世間の野郎どもを魅了**する。

すなわち、広がりと厚みを備えた背筋というのは、ただの筋肉ではない。そこに凝縮されているのは男のロマン。そう、ロマンそのものなんだ！　これは言いすぎでもなんでもない。

そして、背中の筋肉というのは胸囲と大きく関係している。胸囲を増やしたいっていえば、胸のトレーニングをイメージするかもだが、じつは背中を鍛えたほうが手っ取り早いのだ。

繰り返すが、背中の筋肉は大きい。ボリュームを出すには、大

きな筋肉を鍛えるのが近道なのである。

そして、背筋をしっかり育めば、**背中から服が引っ張られ、胸筋も強調**される。こうして背中と胸筋の絶妙コンビネーション、ボクシングでいうワンツーが、かわいいあの子のハートにばっちり決まるのである。

女性にも背中を鍛えるメリットはたくさんある。

背中が緩やかに広がれば広がるほど、ウエストとの差が協調され、視覚効果でくびれが目立つようになる。立ち姿も美しく変わり、周囲に凛とした印象を与えられる。代謝も上がって、太りづらい体質にもなる。

な、ロマンだろ。

Recommend Exercise

「背筋」を鍛えて背中で語る②

ベントオーバーロウ

ゴゴゴゴゴゴ…
Point!
ひじで引く
イメージで
持ち上げる
Point!
つねに背中を
真っ直ぐに
保つ

1 バーベルを両手に持ち、上半身と床が平行になるまで腰を曲げ、ひざも少し曲げる。腕を垂らし、掌は体側に向け、手首を内側に。

2 ひじを体から離さずに、バーベルを胸の横まで引き上げる。広背筋の収縮を感じながら(肩甲骨を寄せるイメージ)、1秒ほど停止。

3 広背筋が引っ張られる感覚があるまで、バーベルをゆっくり下ろす。これを8〜16レップ繰り返す。

動画へ
GO!

悩み5 自分に自信がもてない

ライバルは"昨日の自分"。筋トレってそういうこと。

さっきも話したけど、背中というものは、鍛えるのがちょっと難しい部位である。

それはすなわち、〝筋肉の翼〟を手に入れるには相応の努力を要し、時間が必要ということだ。

我々、筋トレ好きな人種は、背筋がすごい人を見ると敬意を抱くが、その感情には、筋肉そのものへの憧れに加え、よくここまで努力したな、という賞賛もこめられている。

そしてまた、「自分もそうなりたい」という思いを持ち、その背中を目指すべき目標とする。そう考えると、素晴らしい背筋の持ち主というのは、**努力の大切さを**、まさに**背中で語ってくれている**わけである。

たまに「自分に自信がない」という人に会うけれど、それはきっと**「努力し尽くしていない」から**だと思う。

本当に、もう限界ってくらい徹底的に努力すれば、それをやり遂げた自分への自信という**〝心の背筋〟**がつき、必ず人生の支えとなる。まずは、自分の好きなもの、憧れることでいい。とりあえず目標を定めたうえで、そこに向かって全力で努力してみたらどうだろう？

筋トレにおいて、ライバルは昨日の自分であり、昨日の筋肉だ。昨日よりも一回でも多くトレーニングの回数を多くしたり、重いバーベルを持ち上げたら、今日の自分の勝ち。勝ち続けた証が筋肉として身体に現れる。それがゆるぎない自信となるのだ。

Recommend Exercise

「背筋」を鍛えて背中で語る③

プルアップ

Point!
腕ではなく、ひじを脇腹に近づける
ピカー
Point!
ひじを体のうしろにやるイメージ

1 いわゆる懸垂。公園などの鉄棒を利用すると良い(ジムがベスト!)。肩幅より少し広めに、掌を正面に向けてグリップを握る。

2 あご、または胸がバーに触るまで体を引き上げ、1秒ほど停止。このとき背中が収縮していることを実感する。

3 ゆっくりと元に戻る。しっかりとコントロールして、腕が伸びきり、広背筋が引っ張られる感覚があるまで下ろすように。

4 8〜16レップ行う。自重で物足りなくなったら、股にダンベルを挟んだりして負荷を増やしてもOK。これは超カッコいい。

動画へGO!

三頭筋トレーニング Triceps Training

悩み6 最近、ちょっと停滞気味

アメリカには、こんな言葉がある。

「大切なのはどんな車を運転しているかじゃない。**窓の外にどれだけ太い腕を見せつけられるか**だ」

僕の経験上、それは半分本当で、半分嘘だ。いや、車の種類も大切でないことはない。超高級車だったら、やっぱり「Ohh」って注目される。しかしながら、想像してみてほしい。

VIPカーのドアが開いて、みんな固唾をのんで見守っている中、出てきたのがぶよっとした、だらしのない身体をした、不健康そうなおっさんだとしたら……。車が持ち主に対するハードルを上げた分、テンションだだ下がり間違いなしである。

反対に、高級車のウィンドウがふと下がり、そこからぶっとい

腕が突き出されたなら、そりゃあ迫力がある。**金を持っていて、腕も太かったら**男としてもう**負けを認めるほかない**でしょう。なによりのポイントは、太い腕は強い意志による節制やトレーニングがなければ手に入らないということだ。

だからこそ、太い腕はかっこいい。逆に言えば、どんないい車に乗っていても、いい時計をしていても、富も名声も、太い腕（努力と節制）なしにはキマらない。言うなれば病気の医者、虫歯の多い歯医者、太ったトレーナーぐらい説得力ゼロである。**〝太い腕〟はカッコつけたいなら必須**なのだ。

そして太い腕を作るのにもっとも重要な筋肉、それが三頭筋である。鍛えないという選択肢がないだろ？

Recommend Exercise

太い腕はデキる男の必須アイテム①

ダンベルエクステンション

Point!
ダンベルの
重みを掌で
受け止める
Point!
三頭筋の
テンションは
抜かない

1 両手でダンベルを持ち、足は肩幅に開いて直立する。ダンベルを頭上に持ち上げ、腕が伸びきった位置で停止し、掌は天井に向ける。

2 ゆっくりとダンベルを頭のうしろに下ろす。前腕が二頭筋につくまで下ろしたら、同じ軌道で再び頭上にダンベルを持ち上げる。

3 これを10〜15レップ繰り返す。ひじを内側に引き締めること。

動画へ
GO!

三頭筋トレーニング  Triceps Training

悩み6 最近、ちょっと停滞気味

筋トレって、
じつは予防医学。
体調変化に気づかせてくれる。

さて、多くの人は太い腕というと〝力こぶ〟を思い浮かべるのではないだろうか。たしかに二頭筋もその一要素ではあるが、じつはそれよりも大切なのは、むしろ三頭筋。個人差はあれど、腕の約3／5の筋肉は三頭筋に存在する。ということは、**腕を太くしよう**と思ったら**三頭筋を鍛えるほうが圧倒的に効率が良い**のである。

だから腕を太くしたい男性諸君は、せっせとカールばっかりやってる場合じゃないぞ（カールは俺も大好きだけど）！

太い腕が一本あれば、まず話のタネになる。とくに体育会系の人種とは一瞬で打ち解けることができる。これはビジネスシーンでも非常に役立つ。太い腕は「自分、こんな人間です。どや」

ということを伝える名刺のようなものだ。

三頭筋は通称、二の腕と呼ばれている。この部位は、女性にとって1、2を争う悩ましい部位と言っていいだろう。

加齢とともに脂肪がつきやすく、たるみが目立つようになる。ノースリーブやドレスを着たときに露出するから、ばれやすい。まぁ大変だ。反対に、**二の腕が引き締まっていたらノースリーブやドレスも堂々と着こなせる**わけ。「二の腕ぷるぷるしちゃわないかしら」とか気にせず、ジェントルマンたちと堂々とシェイクハンズできるのである。

女性の相談でとくに多いのが「部分やせできないかしら？二の腕のあたり」というもの。えー、結論から申し上げますと、部分やせはできない。これは男性諸君にも知っておいてほしいが、消費カロリーが摂取カロリーを上回った際、身体はどこか特定の部位の脂肪を選択して燃やすということはしない。どこが燃えやすいかには個人差があり、脚、顔、腕、背中とまちまち（ただ、多くの人は、おなかの脂肪が燃やしづらい傾向がある）。

でも、「二の腕をうまいこと細く見せることはできない？」だと話は違う。部分やせはできないけれど、三頭筋を鍛えることにより、筋肉がたるんだ皮膚を押し上げ、**腕全体のハリが良くなり**、あたかも**部分やせしたかのような効果を得ることは可能**だ。三頭筋を鍛えておくと、そうした視覚的効果を狙うことができる。

個人的には、三頭筋はベンチプレスやショルダープレスをやっていれば自然と鍛えられていく感覚だが、三頭筋がボトルネックになり、バーベルなどの重量が停滞してしまうこともある。

ちなみに、ベンチプレスやショルダープレスで上げられる重量は、**身体のコンディションで露骨に変わる**。すなわち、いつもより明らかに重く感じると、それは身体からの**SOSのサイン**。睡眠不足か、筋トレのしすぎか、ストレスか、栄養不足か……。原因はさまざまだが、何度も分析しているうちに自分の身体や不調の原因がだんだんとわかってくるのだ。

そう考えると、筋トレとは自己検診のようなもので、予防医学のひとつだと言える。

Recommend Exercise

太い腕はデキる男の必須アイテム②

ダンベルスカルクラッシャー

Point!
ひじはつねに
引き締める
Point!
上腕を固定
して三頭筋
の力を使う

1 床に寝転がり、両手にダンベルを持ち、腕を上方（天井方向）に伸ばす。腕と体が直角になるのが理想の姿勢。

2 ひじを内側に絞って、ダンベルをゆっくりと頭上の床まで下ろす。床にタッチしたら、ゆっくりとダンベルを元の位置に戻す。

3 10〜15レップ繰り返す。

動画へGO!

悩み6 最近、ちょっと停滞気味

停滞期は成長の証。
視点を変えて工夫!
それには、はい、筋トレ。

三頭筋は、比較的トレーニング効果の表れやすい部位である。しかし、ある程度のレベルにいくとやはり成長は鈍化する。

筋トレに限らず、どんなことでも**続けていけば必ず停滞期がやってくる。**仕事、勉強、スポーツ……。みんなどこかで立ち止まることを余儀なくされる。しかしそこで、焦ってはいけない。あきらめるなんてもってのほかだ。そもそも停滞期は、程度の差はあれ、成長したあとにしかやってこない。すなわち、自分がある程度のレベルに達した証とも言える。

では、停滞期をどう乗り切るか。筋トレだと今まで10回だったトレーニングを15回に増やして刺激を変えたり、それでもだめなら新しいエクササイズで負荷を与えたりと工夫する。そ

うすれば必ず停滞を抜ける。筋トレ用語で停滞期を「プラトー」と呼び、これを打破するのも筋トレの醍醐味のひとつだ。筋肉は同じ刺激を与えていると成長を止めてしまうからだ。

仕事や勉強なら、視点を変えて別分野に挑戦してみるといい。それが自分の嫌いな分野であれば、なおよし。**いごこちのいい世界にばかりとどまっていては、限界は超えられない。**未知の世界、自分が怖い、不快だと思う世界に飛び込んでこそ、今までに見たこともない成長が隠れているのだ！　辛くなったら、筋トレでストレス発散して乗り越えろ！

人生の成長のコツも、筋肉の成長の法則を通して教えてくれる筋トレ。やっぱり**筋トレは最強の教本**だ。好き。

Recommend Exercise

太い腕はデキる男の必須アイテム③

ナローベンチプレス

Point!
バーベルは
ゆっくりと上げ
下げする
Point!
胸ではなく、
三頭筋に負荷
を感じる

1 ベンチに仰向けになり、バーベルを肩幅より少し狭めの位置で握る。バーベルをラックから外し、しっかりと腕を伸ばす。

2 息を吸い込み、バーベルをゆっくりと胸に触るまで下ろす。ひじを内側に絞り、胴体に近づける意識を保つ。1秒ほど停止。

3 息を吐きながらゆっくりと持ち上げる。5〜12レップ繰り返す。

4 バーベルを押す作業を「ポジティブ動作」、下ろす作業を「ネガティブ動作」といい、筋肉はどちらの動作でも鍛えられる。

動画へ
GO!

Testosteroneのつぶやき②
［メンタルヘルス解決編］

行動を気分に左右されるな。「習い事行きたくないな」と思ってたけど、頑張って行ってみたら「来てよかった！」ってなった経験あるだろ？

気分なんてそれぐらい、いい加減なもんだ。気分を疑え。気分は無視してやるべきことをやれ。気分に従ってると楽なほうへ楽なほうへ流され、成長できずに損するのは自分自身だ。

Part 3

人生に 行き詰ったときも、 やっぱ筋トレ

腹筋トレーニング
Abs Training

脚トレーニング
Leg Training

スクワットトレーニング
Squat Training

悩み7 自己管理が苦手、自分に甘い

アメリカのぽってり腹のおっちゃんたちは、腹筋を語るとよくこんなギャグをかましてくる。「I love my six pack so much, I protect it with a layer of fat.」

要は、「俺ってば腹筋が愛しくてたまらないので、あえておなかの脂肪で覆い、守ってるってわけよ」ってことだ。こういう楽観的でユーモアのある考え、僕は好きだ（笑）。

おなかの脂肪は人類の敵だ。なぜならこの脂肪は、身体の中でもっとも落とすのが難しい**「難攻不落の脂肪」**だからである。腹部の内臓は骨で覆われていない分、身体が脂肪の壁を築いて全力で守りにきているからしょうがない。

アメリカでは腹筋を「6パック」という。この6パックは、**モ**

テるボディ＝ビーチボディにとっての必須要素とされている。ご存知のように、6パックは日本でも大人気！　筋肉好きな女の子じゃなくとも、「腹筋、割れてるのカッコいいー♡」ってなる。

　アメリカと日本の違いといえば、アメリカだとそれなりに身体がでかい（せめて70kg以上）うえで腹筋が割れていないと「ビーチボディ」とは言われないが、日本では身体の大きさはさておき、まずは**腹筋が割れているだけで高評価**になるということだろう。いわゆる細マッチョってやつだ。腹筋が割れていればほかの部位を鍛えなくてもモテるなんて、コストパフォーマンス最高に良いぞ。利用しない手はない。腹筋は割っとけ！

さて、ここで、驚愕!?の真実を話そう。いいか、腹筋は、鍛えて割るものじゃない。最初から割れてるんだ。ただ、脂肪の海の中に埋もれて、見えなくなっているだけなんだ。

もし標準体型の人が、ビーチボディを目指すなら、体脂肪を落とせば自然と6パックが浮かび上がってくる。もちろん簡単じゃないが、それを乗り越えたときの**恩恵はあまりにも大きい**。だって、**問答無用でモテる**から。

6パックを手に入れるなら、腹筋運動と有酸素運動の両輪で攻めるのが基本。腹筋自体を鍛えるとともに、有酸素運動で全身の脂肪を燃やしていく。

さらに、脂肪をつけさせないためには食事管理も重要である。

トレーニングしたからといってラーメンやら大盛りライスを毎日たらふく食っていては、なかなか腹筋は現れてくれない。
「ええー、そこまで自己管理できない……」と思うかもしれんが、あきらめてくれ。**「6パックは一日にして成らず」**だ。価値のあるものが簡単に手に入らないのと同じで、**簡単にやせる方法も残念ながらない**のだ。
かわいいあの子や美しいあの子からモテモテになってる自分を妄想して、ニヤニヤしながら腹筋を割るための努力をしてみろ。モテたいという動力の強さは計り知れんぞ。マイケル・ジョーダンだって、好きな子振り向かせたくてバスケやって伝説になってるしね。キッカケとしては申し分なし。

Recommend Exercise

シックスパックはコスパ最高！①

クランチ

Point!
反動に
頼るのは
絶対NG

Point!
スピードより
コントロールが
大切

1 仰向けになって、約90°になるようにひざを立てる。両手は頭のうしろに持っていくか、胸の前でクロスする。

2 ゆっくりと上半身を持ち上げる。肩が10〜15cmほど持ち上がる程度でOK。その状態で1秒ほど停止し、ゆっくりと元に戻る。

3 肩を床ぎりぎりまで下げたら、すぐに上半身を持ち上げる。肩が床についてしまうと、腹筋からテンションが抜けてしまうので我慢。

4 20〜50レップ繰り返す。「もっといけるぜ！」という人は、ダンベルを持って行うと筋力さらにアップ。

動画へ
GO!

腹筋トレーニング  Abs Training

悩み7 自己管理が苦手、自分に甘い

割れた腹筋は、自己管理ができている一番確実な証拠。

おなかの脂肪というのは、最後まで落ちづらいとともに、油断して自己管理を怠ると一番最初についてしまう。あらためて思ったけど、マジでなめてんのかって感じだよな(笑)。

だからこそ、腹筋は自己管理の一番確実な証になる。

すなわち腹筋がしっかり鍛え上げられていれば「この男性は自分に厳しい人なのね」「しっかり管理できる人なんだわ」と、現実主義な女性たちの厳しい監査をクリアできるってわけだ。

これは、仕事における上司の厳しい目線と同じようなものである。

ちなみに**腹筋を割るには**、個人差はあれど**体脂肪率を12~13%以下にする必要がある。**

身体的な健康からいっても、腹筋を鍛えればさまざまなメリッ

トがある。いわゆる**〝体幹〟が鍛えられるので、姿勢が良くなり腰痛などが改善される**ことがある。さらに、腹筋は内臓を支える役割も担っているため、腹筋がしっかりしていれば内臓が正常な状態で働き、便秘や下痢などの症状の改善にもつながるうえに、内臓があるべき位置にあると代謝も向上する。内臓の位置を正しくキープできれば、ポッコリおなかを解消できる可能性だってある。

食事面では、**「高タンパク質、低脂肪、低糖質」**を心がけつつ、摂取カロリーが消費カロリーを上回ることがないように意識して生活しなければいけない。

具体的な方法は、Part4を参考にしてみてくれ。

Recommend Exercise

シックスパックはコスパ最高！②

レッグリフト

Point!
腹筋の
限界まで、
チャレンジ
Point!
挑め！
挑め！
挑め！

1 仰向けで、頭のうしろで手を組み、肩を10〜15cmほど浮かせる。ひざを90°に曲げ、すねと床を平行にして下半身を持ち上げる。

2 その状態で、脚を胸のほうに持ち上げて戻す。脚を持ち上げるとき、お尻が浮くようにする。

3 呼吸を止めることなく、この動作を30秒〜1分間繰り返す。

動画へGO!

悩み7 自己管理が苦手、自分に甘い

筋トレは甘えを許さない。
器と意志力は
自分で決められるはず。

筋トレは基本的に「自分に甘える」ことを許さないものだ。理想の自分の姿を目指して、トレーニング内容を自分で決めて、毎日自分のルールを守る。

これだけ筋肉を愛して止まない僕でも、ときには、筋トレしたくないことがある。めっちゃ忙しいときとか、疲れてるときとかね。でも、やる。逆に筋トレする時間をとれない自分、コンディションを保てなかった自分を反省しながら、やる。だって自分で決めたことだから。**自分で決めたルールすら守れない人間は、何やったって成功しない。**ということで、そんな自分は許せないので有無を言わさずジムに行く。

身長やら、肌の色やら、髪質なんてものはどんなに努力しよ

うが変えられない。しかし筋肉は、変えられる。それと一緒で、生まれ持っている才能の差はたしかにあれど、人間としての器や、意志の力というのは自分次第でどのようにも変えられる。**器や心の強さは自分で決められる**んだ。

人は、器が大きい人間に惹かれるものである。また、意志の強さこそが、どんな局面も打破するための力になる。この2つが揃ったら、人生に怖いものなんてない。

そして、それらを育むための自己鍛錬こそ、筋トレだ。とにかく毎日、筋トレしてみろ。忙しさや気分を言い訳にせず、黙々とやってみろ。そうしてやりきって、身体が強く進化したとき、**心もまた強く進化していること**に気付くだろう。

Recommend Exercise

シックスパックはコスパ最高！③

アブローラー

※アブローラー＝効果的に腹筋を鍛えることができるローラー。
スペースもとらない、筋トレ好き必須アイテム

Point!
床と平行に
なるまで
体を伸ばす

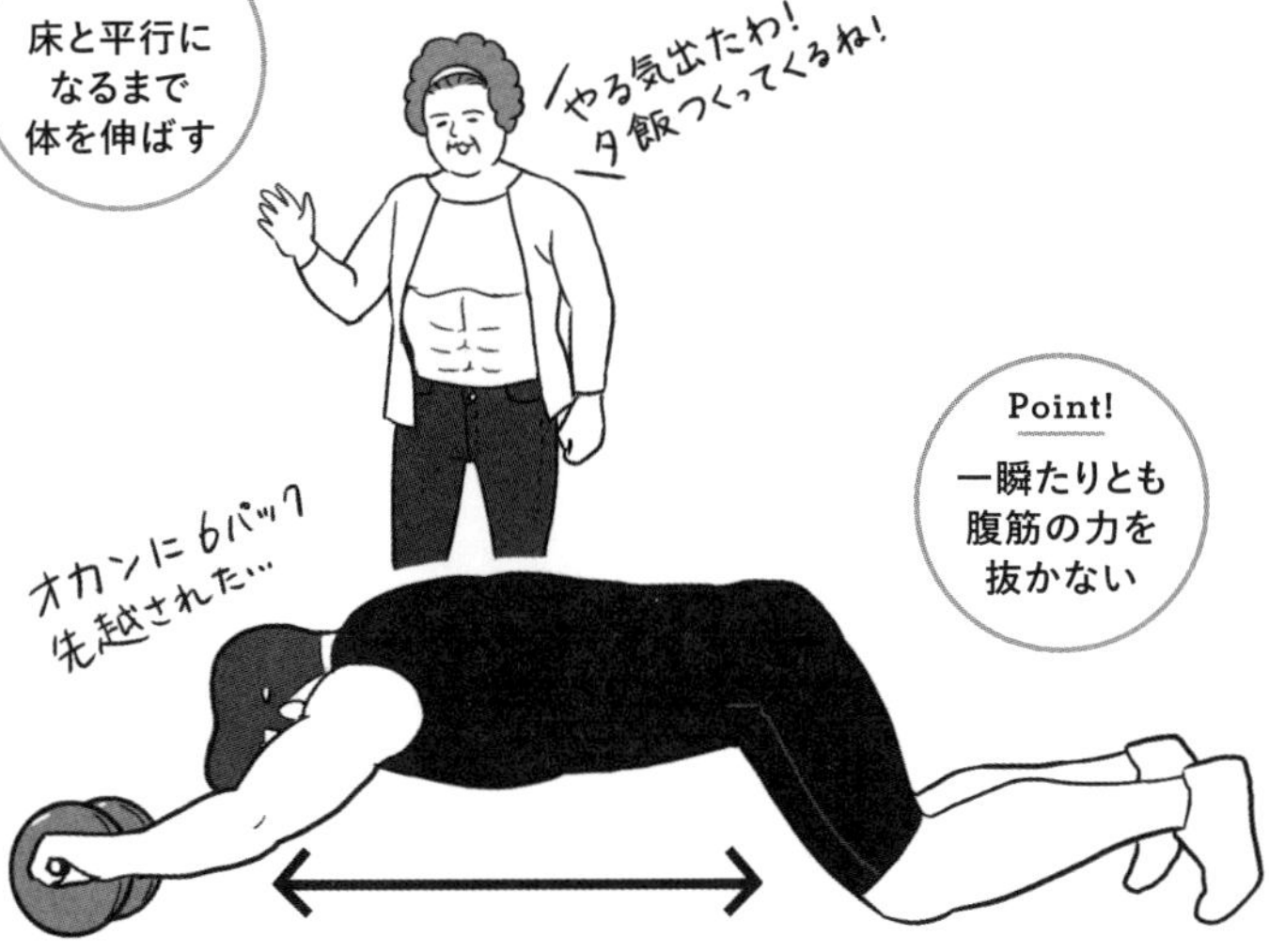
やる気出たわ！
夕飯つくってくるね！
オカンに6パック
先越された…

Point!
一瞬たりとも
腹筋の力を
抜かない

1 ひざ立ちして、アブローラーを両手で持って体の前に置く。このとき床に接触しているのは、ひざとアブローラーのみ。

2 体がピンと伸びるまでゆっくりアブローラーを前進させる。できるところまで前進して1秒ほど停止。ゆっくりと元の姿勢に戻る。

3 呼吸を止めることなく、10〜20レップ繰り返す。

動画へ
GO!

悩み8 毎日がつまらない、退屈

**脚の太い奴が
もっともリスペクトを集める。
ジム限定ですが。。。**

遂にやってきました、脚(四頭筋、ハムストリングス)。

今まで散々ほかの部位をほめちぎってきたけれど、**僕の筋肉愛の95%は、じつは脚に集中してる!** 個人的に脚の太い男をもっともリスペクトするし、女性の魅力は脚とお尻に凝縮されていると思うんだ! っていうか、されてるから(何の宣言やねんとか言うな)!

編集者にガッツリ、カットされることは承知で、私はこの脚セクションの原稿だけはほかより5倍の長さにする。止めても無駄だよ。愛してるから(編集部注:ガッツリ、カットしてます)。

アメリカには「Don't skip leg day.(脚のトレーニングを怠っちゃいけないよ)」という言葉がある。

これを言われてしまうと、筋トレ好きとしたら超ショック。最大の辱めである。上半身ばかりが発達していて、脚が細いと必ず言われてしまうセリフなのだ。

脚トレは全トレーニング中でもっともキツい。そのうえ**いくら鍛えても目立たず**、太ももの筋肉を披露する機会があったところで**別に女性からモテるわけでもない**という究極の自己満足部位だ。

では、それでもなぜ脚トレを頑張るのか？　それは、真の筋トレ好きは脚を太くするのにどれほどの根性とパワーが必要かわかっているから。なので、ジム限定ながら脚の太いやつはもっともリスペクトを集める存在となる。ちやほやされるのである（野郎限定でな）。これこそ、江戸っ子でいう〝粋〟。見えないところにこそこだわりたいおしゃれ心をわかってほしい。

個人差はあれど、脚の筋肉は人間の持つ筋肉のほぼ60～70％を占めている。つまり脚のトレーニングは、それだけカロリー消費が大きいので、ダイエットには最適。活動代謝もググッと向上し、太りづらい体質になるという恩恵までついてくる。

脚トレに不純な動機はいらねえ。女の子にモテたい奴は上半身だけ鍛えとけ！　**脚トレは己とのバトルだ。**

脚トレだけは、硬派にやれ！

また、女性にもぜひ脚トレに取り組んでいただきたい！

豊満な胸や顔の個性は生まれ持ったところが大きいが、**美**

脚美尻はトレーニングによって作れる。アメリカの素敵な女性は、ほぼ必ずと言っていいほどジムで脚トレを行っている。ほかの部位はトレーニングせずとも、脚トレのみ行うという人も多くいる。脚トレはヒップアップにつながり、女性特有の曲線美を作るのに欠かせないからだ。

「お尻が大きくなるのは嫌っ！」と思う人もいるかもしれないが、筋トレによって作り出されるお尻は張りがあり美しいし、くびれも目立つようになる。日本では〝かわいいは作れる〟っていうけれど、アメリカでは〝美しいお尻は作れる〟なのだ。豊満なヒップ、美しいくびれこそアメリカ的な**女子力の象徴**なのだ。日本も早くそうなるといいな（切実）！

Recommend Exercise

「あぁ、生きてる」って実感してくれ！①

ダンベルランジ

Point!
上半身の
バランスを
保つ
もや
もや
大丈夫…？
Point!
背筋を
伸ばす

1 両手でダンベルを持ち、直立。

2 直立した状態から、左足はそのままの位置で、右足を前方にひざが直角になるまで大きく踏み込む。

3 右足の踵に体重を感じながら、スタートポジションに戻る。左足でも同じように行う。左右交互に、計20〜30レップ行う。

動画へ
GO!

脚トレーニング　Leg Training

悩み8 毎日がつまらない、退屈

脚トレは禁断の麻薬……
LOVE&HATEなんですわ。

脚トレ。それは10万円もらってもやりたくないくらい、苦痛な行為……。but!! 「1億やるから一生脚トレ禁止」と言われれば即刻断るほど、病みつきになる行為なのである。LOVE&HATE。こんな気持ちは思春期以来か……**脚トレって青春だったんだ……**はぁ、好き♡

ちょっと取り乱してしまったが、脚トレの感覚を表現するなら、「バンジージャンプ」に近いか。始める前は、「ああ、今日死ぬかもしれん」っていう怖いもの見たさが先に立つ。そしてやはり死ぬほど辛い思いをして脚トレすると、終わったときに**「あぁ、生きてる」**って実感する。その感覚がクセになる。

脚の筋肉というのは、あらゆるスポーツのフィジカルの基本と

いっていい。スポーツ全般が得意になるためのエクササイズをひとつ挙げろと言われたら、多くのプロのトレーナーは脚トレの代表であるバーベルスクワットを推奨する。**アスレチックパフォーマンスやフィジカルを向上**したかったら、**脚のトレーニングは絶対に外せない**のだ。

脚トレをすることで全体のパワーも上がり、上半身の筋肉のつき方も早くなる。わかりやすく例えるなら、脚は「木の幹」のような存在であり、そこから生える「枝」を太くしたいならまずは木幹を太くするのが一番手っ取り早いってわけだ。ということで、俺はモテたいだけだからいいやって思ってるそこの君も、Don't skip leg dayだぞ！

Recommend Exercise

「あぁ、生きてる」って実感してくれ！②

ゴブレットスクワット

シュウゥ…
Point!
ひじを内側に締める
Point!
ひざはつま先方向に少しだけ出す

1 肩幅より少し狭めに足を開き、直立する。ダンベルを縦方向にして、胸の前で両手で持ってホールド。

2 目線は真っ直ぐのまま、胸を張って椅子に座るようなイメージで、お尻をうしろに突き出しながらしゃがみ込む。

3 ひざの角度が90°になるまでしゃがみ込んだら、スタートポジションに戻る。10～20レップ繰り返す。

動画へGO!

悩み8 毎日がつまらない、退屈

脚トレの限界は「心」が決める。乗り越えられれば人生楽勝!

脚トレは、ほかの部位と違った特徴がある。例えば腕立て伏せなら、「もう限界」となったらそこから1回も追加できないが、脚トレの場合、一呼吸おくとさらに4～5回行えるのである。

これは、徹底的に脚トレをやると、**脚の筋肉よりも先に心と心臓がギブアップするため**だ。「もう絶対無理！あと一回でもやったら死ぬぞ、心臓も肺も間違いなく破裂するぞ」っていう究極の状態から、さらに数回……。考えるだけで汗が出る。はっきりいってこれより辛いことなんてないので、人生でどんな壁にぶち当たっても、脚トレと比べれば〝楽勝〟って思える。つまり、精神力も鍛えられるのだ。

マッチョな脚の持ち主というのは、例外なくこの苦行を乗り

越えてきているから、**精神的にもタフ**だし、現実から逃げることもなく、**器の大きい人間が多い。**

毎日が退屈に感じるのは、自分で「俺の仕事はここまで」って限界を設け、**やるべきことを勝手に限定しているから**だ。暇があるなら、とりあえず脚トレしとけ！

何度も自分の限界を突破することで、精神的に強くなるし、ポジティブになる。そうすると、見える世界が変わってくる。今までは考えられなかった大きな目標や、人生の目的が不思議と描けるようになる。そうなったらこっちのもの。目標に向かって進む毎日は、楽しくてしかたがないぞ。こんなに素晴らしい人生の教訓も教えてくれる脚トレ、やっぱ好きやねん……♡

Recommend Exercise

「あぁ、生きてる」って実感してくれ！③

バーベルスクワット

開眼!!
Point!
フォームが違うと怪我をしやすい
Point!
トレーナーさんにフォーム確認を

1 バーベルを肩の高さにセットし、両手でしっかりと握り込み、担ぐ。肩幅ぐらいに足を開き、つま先を30〜45°外側に向ける。

2 「ゴブレットスクワット（129ページ）」と同じように、スクワットをする。

3 10〜20レップ行う。バーベルを使うことからわかるように上級者向け。必ずセーフティバー付きのスクワットラック内で行うこと。

動画へGO!

スクワットトレーニング　Squat Training

番外編

スクワットは地球上すべての悩みと問題を解決する、その第一歩。

アメリカで「キング・オブ・エクササイズ」と呼ばれているのが、スクワットである。アメリカの女性への最上級の賛美として「She squats.(彼女はスクワットをしているに違いない)」というセリフがある。丸みのある美しいお尻はスクワットなしに存在しない。レッツ、スクワット！

正しいフォームで**スクワットをやれば**、太ももやお尻など下半身の筋肉はもちろん、**ほぼ全身の筋肉を鍛えることができる。**また、初心者であれば、機材を使わずとも自宅で自重で行っても十分に効果が得られるのも魅力だろう。

それだけではない。結論から言えば、困ったらとりあえずスクワットして、プロテインを飲んでおけば、**地球上の問題**

の99・9%は解決できるのである。

例えば、メンタルがヘラってしまったような場合は、基本的に運動不足、睡眠不足が原因のことが多い。そこでうだうだ悩む前に、ひたすらスクワット1時間やって、8時間以上寝ると翌日には「あれ？　なんで悩んでたんだっけ!?」となる。

これにはちゃんと科学的な裏付けがある。スクワットをやってテストステロンやらアドレナリンやらといった脳内物質が分泌されることで、まず気分が爽快になる。そして、疲れ果てぐっすり眠ることができるため、自律神経が整い、メンがヘラ状態から抜け出せる。これ、真実。**試す前からあーだ、こーだ言わないでくれ。試せ。**やってもいないのにできないとか、意味ないとか言う人は、一生変われんよ。

限界を突破するレベルまでスクワットを続けるのって、めちゃくちゃ辛い。だから何かを悩む余裕なんてまったくなくなる。そして辛いからこそ、やり遂げたときの充実感がハンパない。

この達成感は、自信をつけるうえでとても大切なものだ。スクワットを行って、その苦痛を乗り越えて身体が変わっていくのを目の当たりにすると、**「俺ってばなんでもできるんじゃないか」**という自信がどんどんついてくる。

だから、いきなりジムに行くのはちょっとハードル高いけど、筋トレで今の悩みをぶっとばしたいってあなた。とりあえずスクワットしとけ！　人生が変わるキッカケになるから！

King of Exercise

なんかダメと思ったら、その場でトライ

スクワット

スクワットは筋トレの基本。そのメリットは数え切れないほどでダイエット効果(代謝アップ)、心肺機能やメンタルも同時に鍛えられるなどなど、まさに〝キング・オブ・エクササイズ〟なんです。どこでもいつでもできるし(もちろん、バーベルなしで自重だけでOK)。一口にスクワットといってもいろんなバリエーションがあるので、ここでちょっと詳しくスクワットを解説しておきます。

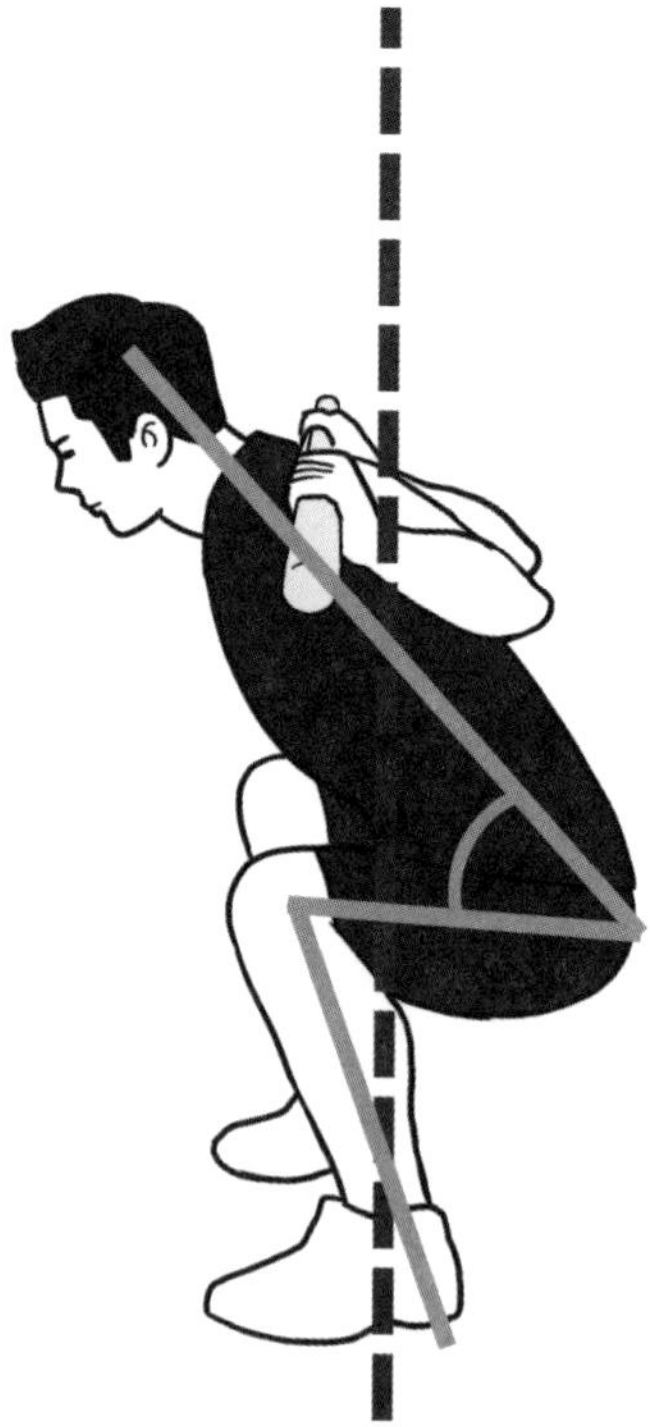

ローバースクワット

三角筋後部と僧帽筋上部の境目あたりを目安に、
バーを深めに担いで行います。

正しいやり方　その1

バーベルの位置によって、鍛えられる筋肉が違ってくる

バーベルを担ぐ位置によって、鍛えられる筋肉も違ってきます。バーを深めに担いだ場合は「ローバースクワット」（右図）、バーが高い位置だと「ハイバースクワット」（下図）と言います。すごくざっくり言うとお尻や内転筋群を鍛えたい人はローバースクワット。下半身全体の強化、大腿四頭筋など脚の前面の筋肉を鍛えたいならハイバーが向いているでしょう。

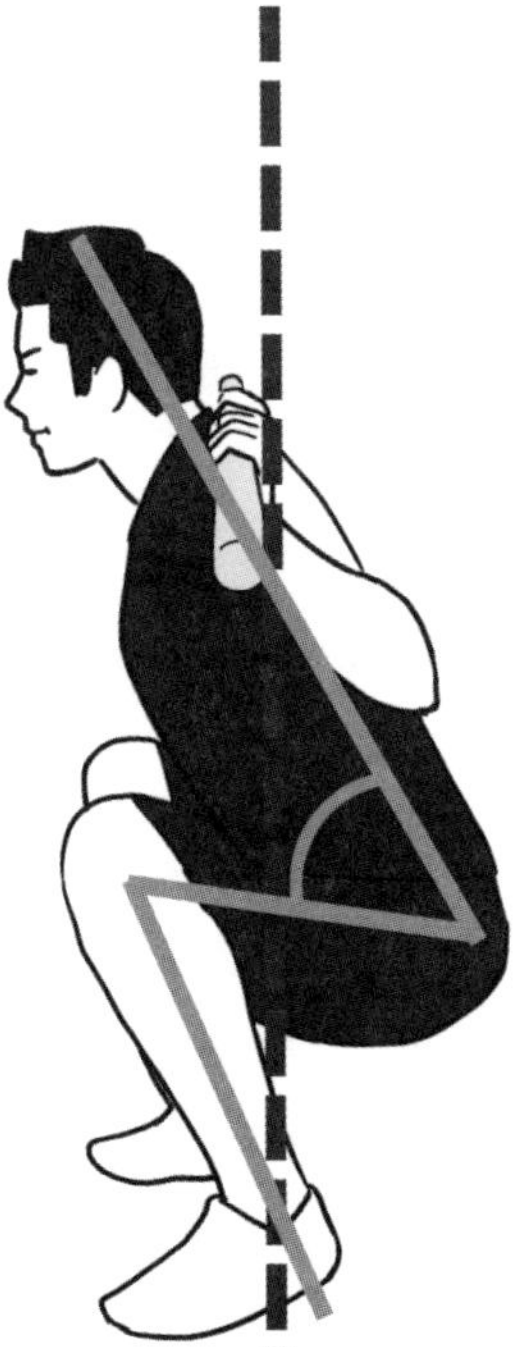

ハイバースクワット

僧帽筋上部の上側を目安として、
バーを高い位置に担いで行います。

正しいやり方　その2

ケガをしないためにも
腹に力をぐっと入れる

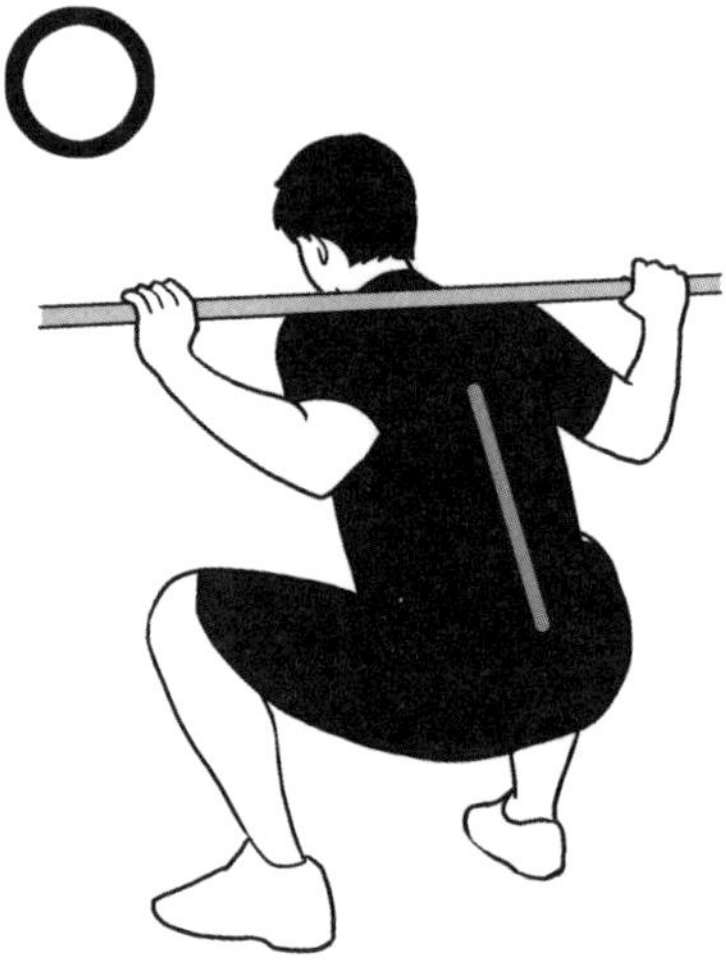

息を大きく吸っておなかにグッと力を入れて、体幹部を固めることを「腹圧をかける」と言います。腹を殴られるときに、腹に力を入れて衝撃を受け止めるような感覚です。腰が反りすぎても丸まってもいけません。しっかり腹圧をかけて体幹部を固めておかないと、しゃがんだときに腰を痛めてしまったり、立ち上がるときバランスを崩してしまうことになります。

正しいやり方　その3

体の軸を意識しながら、しゃがんで立つ！

しゃがむ、立つの動作の際は、体の軸を意識します。ローバースクワットでは土踏まずの真上に軸を置き、ハイバースクワットでは踵に軸を置くとやりやすいでしょう。お尻の上の中臀筋に少し力を入れておくと、軸がビシッと決まります。しゃがむときは、ひざを外へ開いてお尻に力を入れた状態を保ち、しっかり深くしゃがみます。立ち上がるときはお尻を真上に爆発的に持ち上げます。こうすることで股関節をしっかりと伸ばすことができ、背中の筋群も使うことができます。前方へバランスが崩れやすいので、お尻を上げると同時に胸を起こすようにすると良いでしょう。

Testosteroneのつぶやき③
［人生どん詰り解決編］

死にてえって思ってる、そこの君！　自殺する前に筋トレで筋肉を殺そう！　筋トレは筋肉を殺す気で追い込み「今のままでは死ぬ」と思わせることで筋肉を成長させる行為です！　筋トレは自殺未遂に近いです！　しかも筋肉は3日後には強くなって蘇ります！　性格も強気になり「死にてえ」から「殺すぞ」に変わります！

Part 4

ダイエット成功への近道は、もちろん筋トレ

［第一段階］食事制限＋運動アプローチ

［第二段階］筋トレ（週2）＋HIIT（週2）アプローチ

［第三段階］筋トレ（週3）＋HIIT（週2）アプローチ

きれいにやせたいなら、8週間だけ筋トレしてくれ

きちんとした筋トレ術を学んでいくと自然にわかるが、世の中にはとにかく**「間違ったダイエット法」**が蔓《まん》延《えん》している。

体重を減らすだけなら単純な話、食事を抜けばいい。ただし絶食すると筋肉も落ちて代謝が悪くなり、やせづらい身体に変質してしまう。筋肉がないと、体重は適正体重なのに全体的にたるんでしまう。これじゃあ何のためにやせたのかわからんだろ？

何より不健康だし、腹も減って辛いから続かない。続かないダイエットは、１００%終わったあとにリバウンドする。

ダイエットというのは、結局、**「健康にやせてかっこよくなり、その体形を末永く維持していこうぜ」**ということを目的として始めるべきだ。短期間ではなく、ライフスタイルとして継続できるものでなければ意味がないんだ。

では、どうしたらいいか。結論から言うぞ。筋トレと、食事制限、そして生活習慣を変えることだ。ここで紹介する「8週間チャレンジ」には、その基本を詰め込んだ。名だたるフィットネストレーナーたちと考えた、筋肉を保ったまま脂肪を燃焼させる、初心者のためのプログラムだ……。はっきりいおう。楽ではない。だが実践すれば必ず効果が得られる。とりあえず、だまされたと思って8週間やってみてくれ。人生が変わるかもしれないよ。

プログラムの流れ 必勝！ダイエット法「8週間チャレンジ」

第一段階

1week　**食事制限＋運動アプローチ**

この期間は正しい食事法のマスターとともに、翌週のトレーニングの準備期間と考えてくれ。いきなりハードなことはせず、食事制限に集中して自分のレベルに合わせた運動を行えばいい。

第二段階

2〜4weeks　**筋トレ（週2）＋HIITアプローチ（週2）**

ここからいよいよ筋トレスタート。HIITとは「ハイ・インティシティ・インターバル・トレーニング」の略で、短時間で脂肪を落とすのに効果的な運動のこと。

第三段階

5〜8weeks　**筋トレ（週3）＋HIITアプローチ（週2）**

残り4週となったところで、トレーニングの量をさらに増やし、一気にゴールまで突っ走る。この段階で、ぐんぐん身体が変わっていることを実感できるはずだ。

ダイエット成功！

注意事項

- 水を一日最低2Lは飲むこと。慣れていない場合は、徐々に増やしていき2Lはクリアできるようにしよう。
- 寝起きには、コップ1杯の水を飲む。
- 睡眠の理想は7〜8時間。最低6時間は眠ること。成長ホルモンや自律神経の働きを考えると、睡眠時間帯の理想は22時から6時である。
- 飲料は水、お茶、コーヒー(ブラック)、紅茶(ストレート)に限る。コーヒーと紅茶はカフェインの過剰摂取を防ぐため、一日3杯まで。人工甘味料を使用したカロリー0の炭酸飲料などは、週2〜3回ならOK。どうしても甘いものが飲みたくなって我慢できないときにだけ飲むようにする。
- 代謝向上、筋肉保持のため食間を4時間以上空けない。
- 寝る3時間前からはなるべく食べ物は口にしない。
- アルコールはできるだけ飲まず、飲んでも一杯。ノンアルコール飲料でも、砂糖などを使用した甘いものはNG。
- タバコは極力減らし、できれば吸わない。
- ダンベルの重さとレップ数(回数)は一週間ごとに調整するのが理想。下記の表を参考にしてほしい。重量はあくまで目安なので無理をしない範囲で行い、痛みなどを感じた場合はすぐに中止しよう。回数はできるだけ守ること。

	2週間目	3週間目	4週間目	5週間目	6週間目	7週間目	8週間目
ダンベル重量(男性)	7kg	11kg	15kg	7kg	11kg	15kg	7kg
ダンベル重量(女性)	5kg	7kg	10kg	5kg	7kg	10kg	5kg
腕、肩、胸、背中の運動の回数	12-15	9-11	6-8	15-18	11-14	8-10	18-21
脚の運動の回数	26-30	20-24	14-18	30-34	24-28	18-22	34-38

第一段階
1week

「食事」中心に、徐々に上げていけ

最初の1週間は、食事制限＋有酸素運動＋ヨガorストレッチのみで体重を落としていく。この期間に運動や食事制限が生活に根付いたら、ダイエットは80％成功すると思ってもらっていい！

ダイエットといえばトレーニングばかりに目が行きがちだが、アメリカのトレーナーの間では成功のカギは**「60％が食事、25％が睡眠、15％がトレーニング」**と言われている。僕の経験ではそれ以上だ。8割食事にかかっていると思っていい。なお、食事に関しては後述する（154ページ）。

第一段階生活プラン例［食事制限＋運動］

曜日	内容
月曜日	ジョギング（30〜60分）
火曜日	ヨガorストレッチ（20〜30分）
水曜日	ジョギング（30〜60分）
木曜日	ヨガorストレッチ（20〜30分）
金曜日	ジョギング（30〜60分）
土曜日	ヨガorストレッチ（20〜30分）
日曜日	ジョギング（30〜60分）

ジョギングは2日重なっても問題ないが、間にヨガorストレッチを入れると体に負担がかからないのでおすすめ。いきなりジョギングが無理なら、ウォーキングから始め、早歩き、ジョギングと段階を追っていく。ヨガorストレッチは、YouTubeなどで自身のレベルに合った動画を見つけ20〜30分程度行う。

第二段階
2〜4weeks

筋トレ開始！ ビビるな。楽しめ！

準備期間が終わったら、いよいよ筋トレ始動！　生活スタイルに合わせ、筋トレ＋有酸素を週に2回、HIITを週に2回、ヨガorストレッチを週に2回、腹筋トレーニングを週に1回行う。

トレーニング内容は、一畳分のスペースとダンベルがあればできるものだ。やれば100％成果が出るので、信じてついてきてくれ。

これまで何度も言ってきた通り、**筋トレは「心」を変える。**脳内ホルモンをドバドバ出してその快感を体験し、「筋トレ中毒」になって身体も変えていこう！

第二段階生活プラン例 [筋トレ(週2)+HIIT(週2)]

曜日	内容
月曜日	ヨガorストレッチ(20〜30分)
火曜日	筋トレ(サーキット※を2〜3セット)+ジョギング(20分)
水曜日	HIIT(「ジョギング4分間+ダッシュ30秒」×5セット)
木曜日	腹筋トレーニング(20〜30分)
金曜日	ヨガorストレッチ(20〜30分)
土曜日	筋トレ(サーキットを2〜3セット)+ジョギング(20分)orウォーキング(20分)
日曜日	HIIT(「ジョギング4分間+ダッシュ30秒」×5セット)

※筋トレは、「脚・ふくらはぎ」から3つ、二頭筋・三角筋・背筋・三頭筋・大胸筋からそれぞれ1つを選択し、通して行う(1サーキット)。各筋トレの間は30秒、サーキット間は1分の休憩を入れる。

注意点は、筋トレを2日連続でやらないこと。連続でやると超回復(筋肉が回復して強くなる過程)を邪魔してしまい、効率が下がるのだ。HIITについても同じ。筋トレ、腹筋は本書で紹介しているものを選択。自分の好きなトレーニングを組み合わせて行う※。腹筋は20〜30分程度は行いたい。

第三段階

5〜8weeks

結果は絶対に出る。信じろ！

ここから、さらに筋トレの頻度を増やし、一気に身体を変えていく。生活スタイルに合わせ、筋トレを週3回、HIITを週2回、腹筋トレーニングを週1回、ヨガorストレッチを週1回行う。

一見するとなかなかハードに思えるかもしれないが、筋肉が目に見えて変わってくるため、はっきりいって**一番楽しい時期だ。**既に停滞期を迎えている人もいるかもだが、このタイミングでおなかの脂肪がぐっと減るなど「ブレイクスルー」を体験することになるだろう。さあ、ゴールに向かって突っ走るぞ！

第三段階生活プラン例 [筋トレ(週3)+HIIT(週2)]

曜日	内容
月曜日	筋トレ(サーキットを2〜3セット) &ジョギング(30分)
火曜日	HIIT(6〜8セット)
水曜日	ヨガorストレッチ(20〜30分)
木曜日	筋トレ(サーキットを2〜3セット) &ジョギング(30分)
金曜日	腹筋トレーニング(20〜30分)
土曜日	筋トレ(サーキットを2〜3セット) &ジョギング(30分)
日曜日	HIIT(6〜8セット)

ポイントは第二段階と同様、筋トレとHIITを2日連続で行わないことだ。なお、本書で紹介している筋トレのほとんどは、そこまでハードすぎずに全身を鍛えられる、ダイエットにうってつけのトレーニングでもある。忙しくて余裕がないときは、せめて筋トレと食事だけは継続してくれ。それだけでも絶対やせる。

食事編

タンパク質は正義だ。愛せ

ダイエットにおいてもっとも大切なのが、食事である。筋肉も脂肪も、すべて日々の食事から作られるわけで、ここがいい加減だとプログラムの効果がなくなってしまう。

まず、**食事は3〜4時間おきに、5回に分けてとる。**コンスタントに栄養を入れることで筋肉の分解を防ぎ、空腹を感じる間もないため**食欲もコントロールできる。**ただし、毎食がっつりいくのはもちろんNG。大切なのは一日の総カロリーであり、許容範囲内で分けて食べること。朝から夜にかけて、炭水化物の摂取量を減らしていくのもポイント。

食材としては、筋肉の元となるタンパク質を多く含み、かつ低脂肪である食材がねらい目で、鶏の胸肉やささみ、お刺身なんかがおすすめ（抵抗がない人はおやつにプロテインをどうぞ！）。野菜に含まれるビタミン、ミネラルが不足していると体脂肪を燃やしづらくなるので注意だ。

また、いくらダイエットをしているからといって**食事量を減らしすぎるのもいけない。**筋肉量を保つことを前提に、脂肪を燃焼するのに必要最低限な栄養素を考える必要がある。食事量の減らしすぎはリバウンドの原因にもなる。体重や鏡に映る姿を見て、調整していってほしい。

「8週間チャレンジ」その後の体重維持

プログラムをしっかりと遂行した方々であれば、おそらく8～10%の減量に成功しているはずです。これまでのダイエットと違うのは、体重減少のほとんどが脂肪であり、筋肉は犠牲にしていないという点です。鏡に映る自分の姿に満足されているのでは?

さて、本題に入ります。ダイエットを終え、食事量を元に戻し、筋トレの回数は減らしていくという方が多いと思います。

まずは、食事に関して。いきなり以前の食生活には絶対に戻さないでください。8週間チャレンジで学んだ健康的な食生活はなるべく続けましょう。摂取カロリーを増やしていくコツは、いきなり普段の食事に戻すのではなく徐々に戻していくことです。例えば、

ダイエット終了後～1週間 夕食に炭水化物の食品を一品追加
2週間後　昼食の炭水化物の量を1.5倍に
3週間後　夕食の脂質の量を1.5倍に

といった要領で徐々に摂取カロリーを増やしていきます。一週間ごとに、体重をチェックするのを忘れないでください。この要領で自分の理想体重になるまで摂取カロリーを増やしていき、落ち着いたところが体重維持の食事プランになります。引き続きやせたいという方は、8週間チャレンジを続けてください。

チャレンジ終了後も、筋トレを週に2回行えば十分に体型維持が可能です。ジョギングでも、HIITでもなく、筋トレを週に2回で大丈夫です。それにより筋肉量(代謝)が保たれ、太りづらい体型に近づくとともに、体重の変動はなくても確実にスタイルは良くなっていきます。

Testosterone Project

ダイエット専門ウェブサイト
DIET GENIUS

さらに詳しい筋トレ、
食事の知識を知りたい人はこちらへ!!
http://dietgenius.jp

筋トレと栄養学を義務教育に組み込めばどんな国策よりも日本を豊かにするとツイッターで叫び続けてきたし、今もそう強く信じてる。日本が一向に動いてくれないので俺がやることにした。日本を筋トレと栄養学を通して豊かで健康な国にする。革命開始だ。プロジェクトの名は“DIET GENIUS”

世の中に蔓延している間違ったダイエットを正し、科学的エビデンスに基づいた健康的で効果的な真の情報をお届けしています。このプロジェクトには、フィットネス業界で活躍中のそうそうたるメンバーが携わっています。

筋トレの魅力と効果を存分に体感してほしい。正しい筋トレと栄養学の知識を通して日本を健康で豊かにしたい。これらの理念を実現すべく、サイトに登録していただいた方々にダイエットプランを無償で提供中。あとからお金がかかることは一切ありません。健康的に理想の体型を手に入れたいという人は、ぜひ体験を!

筋トレの魅力が伝わったかな？

とくに理由もないけどイケる気がしてきたろ？

筋トレしたくてウズウズしてんだろ？

そうなったらこっちのもんだ。

あとは行動にうつすのみ。

3ヵ月後には性格も身体もガラッと変わり

生まれ変わった自分に会えるだろう。

プライベートも仕事も

一気に充実するから覚悟しとけよな！

じゃあ最後に皆で、せーの

「筋トレ最高！！！！！」

See ya

（テンション上がっちゃったから筋トレ行ってくる）

Testosterone

PROFILE

Testosterone（テストステロン）

学生時代は110キロに達する肥満児だったが、米国留学中に筋トレと出会い、40キロ近いダイエットに成功する。大学時代には、総合格闘技団体・UFCのトッププロ選手と生活をともにし、最先端のトレーニング理論とスポーツ栄養学を学び、自身も米国にてデビューを果たす。2014年より開始したツイッターが人気を博す。完全無料のダイエット・筋トレ情報サイト「DIET GENIUS」の発起人。現在は、あるアジアの大都市で社長として働きつつ、筋トレと正しい栄養学を普及させることをライフワークとしている。

Twitter

STAFF

デザイン　金井久幸、横山みさと［TwoThree］
構成　国天俊治
イラスト　栗生ゑゐこ
校正　鷗来堂
協力　DIET GENIUS
編集担当　飯田祐士

人生の99.9%の問題は、筋トレで解決できる！

著　者　Testosterone
編集人　新井晋
発行人　倉次辰男
発行所　株式会社主婦と生活社
〒104-8357
東京都中央区京橋3-5-7
TEL.03-3563-5121（販売部）
TEL.03-3563-5058（編集部）
TEL.03-3563-5125（生産部）
http://www.shufu.co.jp
印刷所　太陽印刷工業株式会社
製本所　小泉製本株式会社

ISBN 978-4-391-14982-1

トレーニング動画 出演トレーナー

エースマン

早稲田大学国際教養学部入学後に本格的にボディビルを始める。2011年にミスター早稲田ボディビルコンテストで優勝。2015年JBBFメンズフィジークアジア選考大会178cm超級3位、同年JBBFメンズフィジーク全日本大会178cm超級4位など。NSCA-CPT(認定パーソナルトレーナー)取得のトレーナーでもある。

Twitter

ケビン

身長178cm、体重93kgという規格外の肉体を持つ。NSCA-CSCS(パーソナルトレーナーの国際ライセンス、業界最高権威)を取得したトレーナーでもある。フィジカル向上やバルクアップ指導を得意とする。2014年Musclemania Asia Physique準優勝、Musclemania America Physique 4位(日本人初のTOP5)など。

Twitter

miharu

日本有数の女性フィットネスモデルとして活躍する傍ら、デザイナー、アーティスト、コスプレイヤーなどの肩書を持つ。女性からの圧倒的支持を受け、「CrossArtist」としてマルチな分野で活躍中。オールジャパンフィットネスビキニ35歳以下163cm以下級優勝、世界フィットネス選手権出場。

Twitter

エースマン、ケビンのトレーニング指導を希望する方はこちらに!